AF196480

Nichts hat das Zusammenleben so umfassend verändert wie die Digitalisierung – wir denken, fühlen und streiten anders, seit wir dauervernetzt und überinformiert sind. Die Auswirkungen betreffen alle, egal, wie sehr sie die neuen Medien überhaupt nutzen. Es ist ein Stresstest für die freie Gesellschaft: Der Überfluss an Information, die Unlöschbarkeit und der Zwang zur Geschwindigkeit haben enorm giftige Seiten.

In ihrem literarischen Essay kreist Eva Menasse um Fragen, die sie seit vielen Jahren beschäftigen: digitale Umgangsformen, die auf die anderen Arenen übergegriffen haben, etwa auf Politik und Journalismus – sie spielen längst nach den neuen, erbarmungsloseren Regeln. Vormals anerkannte Autoritäten, die im Dutzend abgeräumt werden, ohne dass neue nachkommen, weil an die Stelle des besseren Arguments die knappe Delegitimierung des Gegners getreten ist. Und spätestens seit der Coronapandemie fällt auf, dass Irrationalität so ansteckend geworden ist wie ein Virus.

Eva Menasse, geboren 1970 in Wien, begann als Journalistin und debütierte im Jahr 2005 mit dem Familienroman »Vienna«. Es folgten Romane und Erzählungen, die vielfach ausgezeichnet und übersetzt wurden. Preise (Auswahl): Heinrich-Böll-Preis, Friedrich-Hölderlin-Preis, Jonathan-Swift-Preis, Österreichischer Buchpreis, Bruno-Kreisky-Preis, Jakob-Wassermann-Preis und das Villa-Massimo-Stipendium in Rom. Eva Menasse betätigt sich zunehmend auch als Essayistin und erhielt dafür 2019 den Ludwig-Börne-Preis. Ihr letzter Roman »Dunkelblum« war ein Bestseller und wurde in neun Sprachen übersetzt. Sie lebt seit über zwanzig Jahren in Berlin.

Eva Menasse bei btb
Vienna. Roman
Lässliche Todsünden.
Quasikristalle. Roman
Lieber aufgeregt als abgeklärt. Essays
Tiere für Fortgeschrittene
Dunkelblum. Roman

Eva Menasse

Alles und nichts sagen

Vom Zustand der Debatte in der Digitalmoderne

btb

Penguin Random House Verlagsgruppe FSC® N001967

1. Auflage
Genehmigte Taschenbuchausgabe Mai 2025
btb Verlag in der Penguin Random House Verlagsgruppe GmbH
Neumarkter Straße 28, 81673 München
produktsicherheit@penguinrandomhouse.de
(Vorstehende Angaben sind zugleich
Pflichtinformationen nach GPSR)

© 2023 by Verlag Kiepenheuer & Witsch, Köln
Alle Rechte vorbehalten
Covergestaltung: semper smile, München
nach einem Entwurf von Barbara Thoben
Druck und Einband: GGP Media GmbH, Pößneck
MK · Herstellung: han
Printed in Germany
978-3-442-77537-8

www.btb-verlag.de
www.facebook.com/penguinbuecher

für Mona

I.

Zeitenwende

»Das Internet« ist zu groß, um darüber zu schreiben. Zu anderen Themen fällt manchmal der Satz, es sei darüber schon alles gesagt, bei diesem müsste er lauten: »Es sagt doch alles dauernd selbst.« Hier ist ein erstes Problem: Man kann sein Verhältnis zu diesem Thema nicht mehr trennscharf definieren; kann man es überhaupt noch mit Abstand betrachten, oder ist man bereits zu sehr in seinen klebrigen Fäden verstrickt? Auch der Falter im Spinnennetz glaubt vermutlich, noch vieles wahrnehmen und beurteilen zu können, obwohl er die Perspektive nicht mehr wechseln kann. Immerhin hat er einmal fliegen können, während so viele andere bereits im Netz geboren wurden – *digital natives*.

Ohne Zweifel gibt es die analoge Welt noch. Dort stinken die Mülltonnen und müssen die Nabelschnüre Neugeborener händisch von Erwachsenen durchschnitten werden. Früchte reifen ohne Zutun und verfaulen wieder, Vulkane brechen aus, Wüsten entstehen, Gletscher vergehen. Es gibt dort draußen Blut und Tränen, Schimmel, Lärm, Vogelgesang und Erdbeben. Es gibt echten Zufall, spontane Liebe, unaufklärbare Verbrechen, Mutationen und Geheimnisse. Und es gibt typisch menschliches Verhalten, darunter Ängste, die sich in Jahrmillionen körperlich eingeschrieben haben und weitervererbt werden. Menschen fürchten sich intuitiv immer noch vor Skorpionen und Schlangen anstatt vor Autos.

So bestürzend langsam ist dieses Säugetier, einerseits. Seine durchschnittliche Lebenserwartung mag sich, zumindest für die in Industriestaaten lebenden Exemplare, binnen zweihundert Jahren mehr als verdoppelt haben; im Vergleich zu der Zeit, die seine Reaktions- und Verhaltensmuster gebraucht haben, um sich auszubilden, ist das nicht einmal ein Wimpernschlag.

Andererseits verheddert sich das hochmütige, himmelsstürmende Säugetier augenscheinlich immer häufiger in seinen eigenen Erfindungen. Das ist ihm schon früher widerfahren, als es Waffen schuf, die weiter entfernt töteten, als seine Augen sehen konnten, als es Bomben baute, die Landstriche auslöschten und auf Jahrzehnte kontaminierten, als es versuchte, sich zu klonen, und begann, in die eigenen genetischen Strukturen einzugreifen. Inzwischen züchtet es sowohl Fleisch wie Intelligenz im Labor. Faszinierend bleibt, dass es seinen potenziell lebensbedrohlichen Ehrgeiz selbst immer künstlerisch-analytisch begleitet hat. Es dachte sich Ikaros aus, der zu nah an die Sonne flog, sodass seine künstlichen Flügel schmolzen, Midas, der in seiner Gier zu ungenau wünschte und verhungern und verdursten musste, weil ihm auch Wasser und Brot zu Gold wurden, eben *alles,* was er berührte. Und ein wiederkehrendes Motiv ist das vom vergessenen Zauberspruch, von der verlorenen Kontrolle über die eigenen Schöpfungen. Im Märchen vom süßen Brei, dem kürzesten der Brüder Grimm, wird eine ganze Stadt unter dem Hirsebrei begraben wie Pompeji unter dem Lavastrom, weil nicht das hungrige Kind, sondern seine Mutter den magischen Topf in Betrieb genommen hat und nicht mehr zu stoppen vermag. Dasselbe Motiv goss Goethe in seiner Ballade vom »Zauberlehrling« in eine ewig gültige Form: »Die ich rief, die Geister, werd ich nun nicht los.«

Man könnte sich also gelangweilt zurücklehnen, unauffällig auf dem iPhone die Weltlage überfliegen, die privaten Nachrichten checken, nach einem Flug googeln oder ein Pornobild verschicken und dabei denken: Es ist bloß technischer Fortschritt, vor fünfzig Jahren noch so unvorstellbar wie hundert Jahre davor die Passagierluftfahrt. Das Leben wird immer leichter, Wissen und Möglichkeiten explodieren einerseits und sind doch, betörendes Paradox, theoretisch für alle erreichbar. Ängstliche und Skeptiker hat es ebenfalls immer gegeben. Wisst ihr noch? Damals, als die erste Eisenbahn fuhr, dachten manche, die inneren Organe des Menschen würden die vierundzwanzig Stundenkilometer nicht vertragen, könnten innerlich abreißen und einander tödlich beschädigen. Damals, als die ersten Fotografien gemacht wurden, glaubten manche, der Apparat stehle ihnen die Seele. Und in Wahrheit? Machen wir immer weiter, schicken wir Sonden zum Mars, setzen wir Stents in Herzkranzgefäße, fast so leicht, wie man Glühbirnen einschraubt, haben wir Kühlschränke, die selbständig Milch und Butter nachbestellen, und Roboter, die unsere Gefühle erkennen und zum Trost halbwegs glaubhafte Liebesbriefe schreiben.

Aber das stimmt nicht. Diesmal ist es anders, größer, umfassender, folgenreicher. Die Digitalisierung aller Lebensbereiche ist mit einer Wucht und Geschwindigkeit über die Menschheit hereingebrochen wie keine andere Erfindung zuvor. Sie verändert sich und uns immer weiter, beständig nur in ihrem lawinenhaften Charakter. Gerade weil die Rechenleistungen sich dauernd multiplizieren, ist unabsehbar, was als Nächstes kommt.

»Das Internet« ist ja keine Erfindung allein, sondern eine ganze Serie von seit Jahrzehnten ineinandergreifenden, aufeinander aufbauenden technischen Errungenschaften. So als hätten sich, wie in einem guten Skript, viele geniale Tüftler verabredet, um gemeinsam etwas zu schaffen, das die Welt noch einmal neu aufsetzt. Und das ist gelungen. Jetzt, im Nachhinein, könnte man die Zeitpunkte markieren, als die einzelnen Bestandteile aneinander andockten und einander fortschrieben, als die Entwicklungen einander schwindelerregend beschleunigten. Als sich die Knoten formten und verbanden wie die Myzele unter dem Waldboden, als Triebe sprossen und aufeinander zustrebten.

Nicht zufällig heißt es »Netz«. Es umspannt nicht nur den Planeten, sondern verbindet seine menschlichen Bewohner in einem viel weiter reichenden Ausmaß als alle alten Netze, die bloß äußerlich Schienen, Strom- und Telefonleitungen an den Erdball legten. Denn es durchdringt die Bewohner inzwischen auch. Zu seinen physisch-technischen Ausformungen hat es psychologische, soziologische, ja metaphysische Aspekte gewonnen. Und sogar naturhafte. Es ist so schnell gewachsen, es wucherte über seine eigenen frühen Konstruktionsfehler so eilig und blindlings hinweg, dass es dadurch *Eigenschaften einer Naturgewalt* erlangte; die ersten Fehler erzwangen so viele Improvisationen, dass inzwischen niemand mehr korrigierend eingreifen kann. Um es noch einmal neu und besser, mit dem heutigen Wissensstand aufzubauen, ist es schon lange zu spät. Die Menschen können deshalb, einer Art digitalem Urknallchaos geschuldet, nicht mehr auf den Grund ihrer eigenen Kreation schauen; sie hat sich unter ihren Händen wieder verschlossen: »Das Ergebnis ist [...], dass wir das Internet heute nicht mehr von innen prüfen können, wie man es mit den Büchern eines Finanzunternehmens tun könnte, sondern so behandeln müssen, als wäre es ein Teil der Natur. Wir müssen es erforschen, als wäre es ein unbekannter Kontinent, obwohl wir selbst es geschaffen haben«, schrieb Jaron Lanier schon vor über einem Jahrzehnt.

Das Internet mag als Werkzeug gedacht gewesen oder es in Teilen noch immer sein. Aber eine Fähigkeit, an der vorab niemand einen Nachteil hätte erkennen mögen, hat unter den Menschen enorme Verheerungen angerichtet: die digitale Massenkommunikation. Nichts hat innerhalb von wenigen Jahren menschliches Leben und Verhalten so massiv verändert. Als wäre es eine Weltformel, können die Dauervernetztheit der Menschen, ihr Dauergespräch, ihr Dauerstreit zur Erklärung von so vielem, fast allem, herangezogen werden, was in den letzten Jahren scheinbar so unerklärlich angeschwollen ist, die Wut, der Hass, die Überforderung, der Frust, der grassierende Irrationalismus, die Verschwörungserzählungen und die politische Extremisierung. Die Folgen können überall beobachtet werden, in den »alten« Medien, in der Politik und im hintersten Kaff, gerade auch dort, wo das Netz selbst gar nicht mehr hinreicht. Niemand kann sich seinen Auswirkungen entziehen, alle agieren heute grundlegend anders als noch vor fünfzehn Jahren: Richter, Kinder, Umweltschützer, Kommunikationsexperten; Politiker und Journalisten sowieso, sogar Flüchtende.

Wahrscheinlich *ist* es eine Weltformel: die Weltfor-

mel der globalen Gesellschaft wird gebildet aus den heißen Drähten, an denen sie unentrinnbar hängt.

Man könnte das, was fast mit einem Schlag eingesetzt
hat, analog dem World Wide Web auch »Weltkommuni-
kation« nennen. Eine solche ist zum ersten Mal möglich, indem ein Großteil der Weltbevölkerung theoretisch unkompliziert miteinander in Verbindung treten
kann, ohne große Hürden oder Kosten, in Echtzeit,
ungeachtet aller Zeitverschiebungen und Entfernungen. Es begann, als das »mobile« oder altmodisch so
genannte »Handtelefon« vom Telefonnetz, den Mobil-
funkanbietern und ihren Phantasie- und Roamingprei-
sen unabhängig wurde. Plötzlich war es kein Telefon
mehr, obwohl es in den meisten Sprachen immer noch
so heißt, sondern war zum maximal potenten Welt-
empfänger und -sender geworden. Hierin liegt aber bereits ein kategorialer Unterschied: Während die »alten
Massenmedien« wie Kino, Radio und Fernsehen Millionen von Konsumenten zu leicht erreichbaren Emp-
fängern machten (und all die Ängste von Lenkung und
Beeinflussung hervorriefen, die heute lachhaft wirken),
haben die neuen Telefone einen erstaunlichen Teil der
Medienmacht zurück an die Masse gegeben.

In George Orwells weltberühmtem Totalitarismus-
Roman »1984« hängt bei allen Mitgliedern der »Äuße-
ren Partei« ein unabschaltbarer »Teleschirm« zu Hause
an der Wand, aus dem gelegentlich Befehle dringen,

der die Bewohner aber vor allem belauscht und aus-
späht. Aber dass umgekehrt alle von überall her, ohne
sich groß zu bewegen, eine Unzahl an Ereignissen *außerhalb ihrer eigenen vier Wände* sehen, hören, kommen-
tieren, bewerten und damit direkt beeinflussen können,
lag 1948, als der sterbenskranke Autor seinen letzten
Roman schrieb, wohl jenseits jeder Vorstellung. Orwell
mit seiner analytischen Phantasie hätte dieses Kippbild gewiss nicht weniger bedrohlich gefunden: egal, ob
man zu allen ins Privateste reinbrüllen und -lugen kann
oder ob alle von zu Hause aus woanders reinlugen und
-brüllen – das ähnelt sich systemisch doch sehr.

Indem die neuen Telefone zu etwas ganz anderem
wurden, veränderten sie auch ihre Besitzer. Anders als
vom Teleschirm entfernt man sich ja nie von ihnen,
die meisten nehmen sie mit auf die Toilette und ins
Bett. Und dem eigenen Mail-, Instagram- oder Twitter-
Account kann sich sowieso niemand entziehen; vorü-
bergehendes Ignorieren verschlimmert die Sache eher,
denn es staut Flutwellen auf.

Diese Geräte haben schier unendliche Fähigkeiten erlangt. Mit allem, was sie speichern, bilden sie einen Großteil (wenn auch nicht alles) der individuellen Eigenschaften und Charakteristika ihrer Besitzer
ab. Sie, die Menschen, sind in Wahrheit die »Endge-
räte«, sie sind seither zu empfindlichen und bewegli-
chen Schwärmen zusammengeschaltet. Aber während

sich dank der Menge an laufend erhobenen Daten nun so vieles, vom Wetter über die Erderwärmung bis zum Wahl- und Konsumentenverhalten, immer präziser berechnen lässt, sind die psychosozialen Interferenzen zwischen Milliarden Telefonbesitzern völlig unberechenbar geworden. Enorme Emotionen werden digital freigesetzt, »geteilt« und um die Welt geschickt, sie pflügen Politik und Gesellschaft um, einschließlich des Lebens vereinzelter digitaler Eremiten, die nie ein solches Gerät besessen und nie an »sozialen Netzwerken« teilgenommen haben.

Diese digitale Massenkommunikation, von deren Auswirkungen auf wohlhabende und demokratische Gesellschaften dieser subjektive Essay handeln soll, war ungefähr ab dem Jahr 2009 erreicht, als, drei Jahre nach Twitter, mit WhatsApp eine Anwendung auf den Markt kam, die noch einfacher, direkter, privater war als E-Mail oder Facebook. Von diesem Zeitpunkt an sind, nur als besonders eindrückliches Beispiel, in den USA die psychischen Probleme von Kindern und Jugendlichen ebenso wie ihre Selbstmordraten um ein Vielfaches in die Höhe geschossen.

Auch alle anderen negativen Auswirkungen sind natürlich längst bekannt und beschrieben; Begriffe wie Onlinesucht und Internetkriminalität, Cybermobbing, Cyberstalking und Cyberwar liegen so gut im Mund wie früher Bankraub oder Heiratsschwindler.

Trotzdem will mir scheinen, dass das wahre Ausmaß der gesellschaftlichen Veränderung nicht richtig wahrgenommen, vielleicht sogar bannend abgeleugnet wird, außer von Beobachtern an seinen beiden äußersten Rändern: jenen, die das Netz von Anfang an mit aufgebaut und Gefahren und Fehlentwicklungen früh erkannt haben, wie Jaron Lanier oder James Bridle, und den ganz anderen, vom genau entgegengesetzten Rand, nämlich den fernstehenden Laien, die noch nie eine eigene Webseite, geschweige denn einen Twitter-Account hatten, aber die atmosphärischen Veränderungen umso genauer spüren, weil nichts, auch keine Lebenserleichterung oder unverzichtbare neue App, sie davon ablenkt. Der Installationskünstler und Technologie-Philosoph Bridle sprach einen Satz aus, der von beiden Rändern stammen könnte: »Die Welt ist nicht digital, die Welt ist analog. Und das meine ich nicht im Sinne von knisternden Schallplatten im Vergleich zu sauberen MP3s oder ähnlichem, obwohl es eine entsprechende Qualitätsminderung gibt. Was zwischen den Einsen und Nullen passiert, geht verloren, und das Ergebnis ist tiefe Gewalt, weil das, was verloren geht, entweder gelöscht oder gewaltsam unterdrückt wird«.[1]

1 Interview mit James Bridle im Emergence Magazine vom 6. Dezember 2022: https://emergencemagazine.org/interview/an-ecological-technology/

Mensch und Gesellschaft wurden folgenreicher und vor allem viel schneller umgeformt als selbst durch die Industrialisierung. In eineinhalb Jahrzehnten sind die Bedingungen des Menschseins grundlegend andere geworden. Die globale Digitalisierung ist daher die einzige und wahre Zeitenwende – eine solche kann niemals ausgerufen, sondern erst in der Rückschau bemerkt werden. Kein Krieg, keine Wirtschaftskrise, auch nicht die Pandemie hatten vergleichbare Auswirkungen. Die Art, wie Menschen die Welt wahrnehmen, ist eine andere geworden, ihr Verhalten und ihre kognitiven Fähigkeiten haben sich ebenso verändert wie die Grundlagen des Zusammenlebens, die Ansprüche an-, die Ungeduld mit-, der Hass aufeinander.

»Die Menschen sind nicht darauf vorbereitet, mit Milliarden Zeitgenossen in voller Kenntnis ihrer Gegenwart zu koexistieren. Früher wurden die Diskretionsabstände zwischen den Nationen und Kulturen durch die Geografie hergestellt. Schwer überwindbare Entfernungen sorgten für Diskretion, mental und politisch. Doch Globalisierung bringt den Triumph der Indiskretion mit sich«[2] – Peter Sloterdijk sagte Globalisierung, wo heute Digitalisierung gemeint wäre. Ein großer Gedanke, gelassen ausgesprochen: »in voller Kenntnis von

2 Interview mit Peter Sloterdijk im Spiegel vom 30. Juni 2017

Milliarden Zeitgenossen«. Mehr noch: Die Menschen waren vor allem nicht darauf vorbereitet, dass sie mit diesen Milliarden in Austausch treten können, ihnen zuhören müssen und auf sie Rücksicht nehmen sollen. Bis heute haben sie kaum Zeit gefunden, die gigantischen Veränderungen gedanklich nachzuvollziehen. Wie gesagt, schon früher wurde gelegentlich befürchtet, die menschliche Seele könnte den rasenden Neuheiten nicht hinterherkommen. Vielleicht ist diese Niederlage in Langsamkeit aber erst jetzt wirklich erlitten.

Eine Weile schien mir daher »Des Kaisers neue Kleider«, Hans Christian Andersens geniales Kunstmärchen, die perfekte Metapher für die Digitalmoderne zu sein: Zwei Betrüger – man könnte sie auch zwei gute Psychologen nennen – machen sich des Kaisers umfassende Eitelkeit zunutze. Denn erstens liebt der Kaiser schöne Gewänder, zweitens hält er sich, wie die meisten Menschen, für besonders schlau. Die Betrüger-Psychologen behaupten nun, die edelsten Stoffe weben, die schönsten Roben schneidern zu können. Dumme Menschen ebenso wie solche, die nicht für ihr Amt geeignet seien, könnten diese Kleider nicht einmal *sehen*. Und das Verhängnis nimmt seinen Lauf; am Ende zieht der Kaiser huldvoll, aber nackt inmitten einer prächtigen Prozession durch die Stadt. Weil vorher niemand wagte, das Offensichtliche auszusprechen: dass da gar nichts war, nicht auf den

Webstühlen, nicht auf den Schneidertischen und nicht am Körper des Kaisers. Genauso, könnte man denken, wie kaum einer der flinken App-Auskenner sich eingestehen will, dass die barrierefreien, wissensvermehrenden und freiheitsliebenden Eigenschaften der Digitalisierung den *happy few* im Silicon Valley und anderswo Unmengen an Daten, Dollar und Bitcoin in die Kassen spülen, gleichzeitig als Kollateralschaden aber so viel anderes mit sich reißen, Kompromiss- und Diskursfähigkeit zum Beispiel, Großmut und Wohlwollen, Fairness und Vernunft.

Aber so einfach ist es natürlich nicht. Nichts ist so schwarz oder weiß, so nackt oder bekleidet. Nichts ist so binär wie die primäre Funktionsweise eines Computers, obwohl ein unversöhnliches Entweder-oder aus den Netzwerken heraus die meisten vielschichtigen Debatten befallen zu haben scheint. Auch Andersens Märchen hat flirrende Zwischentöne, deshalb ist es ja große Literatur.

Die meisten Leser erinnern das Ende nicht ganz richtig. Es stimmt zwar, dass ein Kind mit seinem Ausruf »Der Kaiser ist ja nackt!« die Autosuggestionsblase des ganzen ängstlich-verlogenen Kaiserreichs aufsticht. Aber dann folgt noch eine weitere Drehung, die das Märchen ambivalent und hintersinnig enden lässt: »[…] er dachte bei sich: ›Nun muss ich aushalten.‹ Und die Kammerherren gingen und trugen die Schleppe, die gar nicht da war.«

Der nackte Kaiser geht also einfach weiter, als sofortige Buße für seine Dummheit, vor allem aber, weil es das Amt verlangt. Dem nächsten Kammerherren den Mantel herunterzureißen, um die eigene Blöße zu bedecken, steht gerade einem Kaiser nicht zu, auch nicht in der äußersten Demütigung. Er »muss aushalten«. Queen Elizabeth II. hätte genauso gehandelt. Weitergegangen sind und wären sie, der ausgedachte Kaiser, die hochdisziplinierte Königin, bis zum bitteren Ende der Prozession. Damit die Form gewahrt bleibt. Auch was man verbockt hat, bringt man in Würde zu Ende.

Und das ist vermutlich die weiterhin gültige Metapher für ernsthaftes Sprechen, Schreiben und Denken in der erbarmungslosen Digitalmoderne, die nichts vergessen und alles verdrehen kann: weiterhin dem eigenen Auftrag folgen, so selbstkritisch und dennoch unbeirrt wie möglich, im Bewusstsein, dass man ja ohnehin nackt ist und kaum noch nackter gemacht werden kann.

II.

Ansteckende Krankheiten, ansteckende Medien

»You can talk a mob into anything, it thinks by infection« – John Ruskin

Am Beginn des Jahres 2020 brach eine Pandemie über die Welt herein, und zum ersten Mal in der Geschichte lebte niemand mehr, der sich an die vorhergehende erinnern konnte. Einige erschrockene Wochen lang waren die Nachrichten fast monothematisch. Das Zusammentreffen von Menschenleere und Massenmedien schuf skurrile Bilder: Vermummte Fernsehteams filmten auf den leergefegten Hauptplätzen der Welt zuerst einander, bevor sie in Zeitlupe über die Stein- und Stahlwüsten von Petersplatz, Times Square oder Champs-Elysées schwenkten, sodass man als Zuschauer eine Ahnung von Nahtod-Erlebnissen bekam, *alles Schöne zieht langsam und stumm noch einmal vorbei* … In den Talkshows, die bis dahin den nationalen Stammtisch zumindest hatten vortäuschen sollen, wurde der Abstand der Teilnehmer in ihren Sesseln so vergrößert, dass eine »Gesprächssituation« kaum noch entstand; übersprungshaft fiel mir ein, dass in den Alpen das Jodeln erfunden worden war, um einander von Bergspitze zu Bergspitze auf dem Laufenden zu halten.

In meiner Erinnerung sieht die Coronazeit als Kurve so aus: das unruhig-unterhaltsame Leben von einem Tag auf den anderen abgeplättet auf die gerade Linie eines Herztoten, dann ein heftiger, stolz-glücklicher Ausschlag nach oben, als sich zeigte, wozu die moderne, global vernetzte Wissenschaft fähig war. Und schließlich, in nervösen Zuckungen, ein langer und tiefer Abstieg in den Keller der Desillusionierung. Es erschienen diese »Figuren wie aus dem Spätmittelalter« auf den Demonstrationen, Menschen, »die den Weg in die Moderne und damit zu naturwissenschaftlicher Evidenz und zum Staatsbürgertum innerlich nicht mitgegangen sind«, wie es wieder Peter Sloterdijk so spitz beschreibt. Und er analysiert: »Es gibt für den Selbstgenuss nichts Schöneres als solche Räusche des Irrsinns, euphorische Erfahrungen in der Annahme des gemeinsamen privilegierten Zugangs zur Welt«.[3]

Als die Pandemie begann, schien die Welt plötzlich nur noch aus Netzen, Vektoren und Kurven zu bestehen. Ein rasant anwachsendes Netz wurde vom Virus geschaffen, indem es von Mensch zu Mensch sprang, sie zu Infektionsträgern, Kranken, Toten verband und auf

3 Interview mit Peter Sloterdijk in Brand Eins, August 2021

den Landkarten Cluster und weiße Stellen schuf. Außerdem kehrte es die herkömmlichen Zusammenhänge zwischen Wissen, Vergangenheit und Zukunft um. Wer sich ansteckte, wusste in den seltensten Fällen, woher. Aber man hatte doch eine gewisse Kontrolle darüber, ob und wem man es weitergab.

Meiner Erinnerung nach war ich überrascht, dass es all das tatsächlich noch gab: einerseits tödliche Seuchen, die unaufhaltsam selbst durch industrialisierte Staaten fegten, welche daraufhin begannen, sich gegeneinander abzuschotten; das Wort »Virus« hatte zuletzt nur noch in Hinblick auf Schadsoftware bedrohlich geklungen. Andererseits strenges, überprüfbares, wissenschaftliches Denken, das plötzlich wirkte wie das schiere Gegenteil der digitalen Umgangsformen – da es nicht danach strebt, die eigenen Annahmen einzubetonieren, sondern sie ständig zu überprüfen. Wie ein Schachspieler, der gegen sich selbst spielt, wie ein Hacker, der die eigene Firewall hart attackiert, arbeitet es gegen sich selbst: Wie kommt man rein, wo ist mein eigenes Leck? Ausgesiebt wird alles, was fehlerhaft oder einfach nicht gut genug ist; was übrigbleibt, ist nur vorläufig richtig. Schon am nächsten Tag kann es falsch sein. Das ist die kühle Schönheit und zwingende Sinnhaftigkeit naturwissenschaftlichen Denkens. Für eine kurze Zeitspanne gebührte Wissenschaftlern wie Christian Drosten und Anthony Fauci das Verdienst, mitten im Strudel von sterbenden Menschen, Lockdowns und überforderter Politik diese alten, fast vergessenen Tugenden wieder in ihr Recht gesetzt zu haben – Besonnenheit, Präzision, Reflexion, Selbstkritik, begründeten Zweifel. Es war das Netz der Verteidigung: eine hochspezialisierte, global und digital vernetzte westliche Wissenschaft bewerkstelligte im Rekordtempo funktionierende Tests, die Erforschung des Virus und seiner Mutationen bis hin zum Impfstoff und evaluierte sich dabei fast in Echtzeit fortwährend selbst.

Mit kleiner Verzögerung zeigte sich ein drittes Netz. Wahrscheinlich diente auch dieses der Verteidigung, jedoch der anderen, inneren; es bestand aus Abwehrzauber, war Flucht in die oben zitierten »Räusche des Irrsinns«. Es sah so aus, als ob mit Corona eine zweite bedrohliche Krankheit erst so richtig durchbrach, eine Seuche, die ebenso viele verschiedene Symptome und eine ebenso kurze Inkubationszeit zeigte. Manche erkrankten nur kurz und leicht, andere sind es bis heute nicht losgeworden. So wie man das SARS-CoV-2-Virus unversehens irgendwo einatmete, holten sich die Betroffenen den Irrationalismus einfach am Handy oder Computer, sorgfältig desinfizierte Finger schützten nicht davor.

Zweifellos wohnte man einer faszinierenden zufälligen Versuchsanordnung bei, genau wie die Klimaforscher, die in den ersten Wochen der radikal unterbrochenen menschlichen Reisebewegungen hektisch möglichst viele Umweltdaten sammelten, weil eine solche Gelegenheit wohl nicht so bald wiederkommen würde. Nur ein Jahr später bäumte sich zeitgleich mit dem großen Sieg der Wissenschaft, die ungeheuer schnell einen sicheren Impfstoff bereitgestellt hatte, eine derart irrationale und hochaggressive Impfgegnerschaft auf, dass sie mit dem Anlassfall und der kollektiven Panik nicht mehr hinreichend zu erklären war.

Vor über fünfundzwanzig Jahren hat die US-Historikerin Elaine Showalter bereits den Zusammenhang von »hysterischen Epidemien« und Massenmedien untersucht. Ihr Buch nannte sie »Hystorien«, weil sie sich fragte, wohin die vormals so weitverbreitete weibliche Hysterie um die Jahrhundertwende, wie sie von Charcot, Freud und Lacan untersucht worden war, eigentlich verschwunden sei. War sie ausgestorben oder hatte sie sich bloß verwandelt? Showalter analysierte eine Reihe von Massenphänomenen, die offenbar unter der Oberfläche mit der »klassischen« Hysterie verwandt waren: etwa, dass in den Achtziger- und Neunzigerjahren Geschichten von US-Amerikanerinnen durch die Medien gingen, die überzeugt waren, durch Sex mit Außerirdischen schwanger geworden oder, umgekehrt, durch die Schuld von Außerirdischen ihrer Schwangerschaft beraubt worden zu sein – ungeplante Schwangerschaften ebenso wie heftig betrauerte Fehlgeburten bekamen eine Ursache, die man tröstlicherweise mit anderen teilte. Traumata und Schuldgefühle wurden verschoben und verlagert, in ein UFO und dessen allmächtige Bösewichter. Als Metapher in einer Psychotherapie wäre das konsistent, befremdlich wird die Sache erst mit dem Überschreiten der Metapherngrenze. Diese Frauen sprachen ernsthaft von »fliegenden Untertassen« und grünen, wahlweise schwarzen Männchen, die ihnen und ihrem Bauch etwas angetan hätten. Es lohnt, dieses Buch wieder zu lesen, weil Unvernunft eben nicht nur menschlich, sondern auch hochansteckend ist. Manches davon, was damals »typisch amerikanisch« klang, begreift man erst jetzt, unter den Bedingungen der digitalen Dauerkommunikation. Damals übertrugen sich solche »Hystorien« noch nicht interkontinental. Elaine Showalter überprüfte die Berichte in den regionalen Zeitungen und Radios und konnte tatsächlich nachvollziehen, wie sich die Ansteckungswellen der kollektiven Hysterien von Bundesstaat zu Bundesstaat fortgepflanzt hatten. Die Informationen ließen sich noch halbwegs sicher zu den Quellen zurückverfolgen, ebenso wie die Ausschmückungen, die nach dem Stille-Post-Prinzip erfolgten. Sie waren der produktive Ort. Denn genau dort, in den Ungenauigkeiten der Übertragung, in den Kopierfehlern der Narrative, entwickelten sich die vergifteten, krankhaften Teile. Genau dort nistete schon

damals der Irrationalismus. Wie klein diese Infektions-
stellen damals waren im Vergleich zu heute!

Heute wird unmittelbar und weltweit bekannt, wenn
in den USA ein Bewaffneter eine Pizzeria stürmt, weil
er und inzwischen Zehntausende andere Amerikaner sie für den Tatort halten, an dem Hillary Clinton,
Tom Hanks und andere einen Kinderpornoring betrei-
ben – der QAnon-Kult scheint übrigens direkt aus dem
»satanistischen Ritualmissbrauch« hervorgegangen zu
sein, den Elaine Showalter als »Hystorie« damals schon
beschrieb.

Digitale Hysterien zeitigen handfeste analoge Folgen,
wie »Pizzagate« und vieles andere längst bewiesen haben: Der bewaffnete Überfall hat ja stattgefunden, zum
Glück ohne dass ein Schuss abgegeben wurde.

Und so tritt im Zeitalter der Digitalmoderne ein
Gewöhnungseffekt für die abgedrehtesten Geschichten ein. Man wird auch passiv in viel größerem Maßstab an die unzähligen Angebote des Aberglaubens ge-
wöhnt als noch zur Zeit von Showalters Studien, denn
man stößt im nächsten Umkreis auf sie, bei Freunden
und Verwandten. Vermutlich ist fast jeder einmal irgendeinem Fake auf den Leim gegangen. Ich schäme
mich immer noch, das angeblich 1928 veröffentlichte
Tucholsky-Gedicht »Zur Versachlichung der Impfde-
batte« ungeprüft weitergeleitet zu haben, das in Wahrheit vom Titanic-Autor Cornelius W. M. Oettle stammt.

Es war ein witziges, spitzes Gedicht, zweifellos. Aber ohne die erlogene historische Verknüpfung »wusste damals schon Tucholsky« hätte es niemals diesen *viralen* Erfolg gehabt.

Das ist eine direkte paradoxe Folge der Informationsexplosion. Die Welt ist wahrlich voll von unglaublichen, bizarren und oft genug sogar wahren Geschichten; der Zugang zu ihnen hat sich, anders als früher, vom Bildungsstand und den individuellen finanziellen Möglichkeiten völlig entkoppelt. Früher begaben sich hochgebildete Abenteurer, gefördert von Mäzenen, auf Expeditionen in unbekannte Erdteile und gestalteten mit ihren Trophäen, Zeichnungen und Erzählungen das Bild für die Daheimgebliebenen aus; heute kann sich jeder von zu Hause in den Louvre und die Library of Congress hineinklicken, aber auch in jedes erdenkliche irrationale Unterholz.

Das klingt schön demokratisch – und wurde von Beginn an als großer Vorteil des Netzes gefeiert –, hat aber gleichzeitig die früheren Filter außer Kraft gesetzt. Der »gesunde Menschenverstand«, den selbst Hannah Arendt noch als Maßstab anrief, ist im Zeitalter der Digitalmoderne wirkungslos geworden. Selbst solide Allgemeinbildung, robuste Skepsis, logisches Denken und ein gutes Gefühl für Wahrscheinlichkeiten helfen einem Menschen heute kaum weiter, der nur kraft seines Verstandes versucht, den Wahrheitsgehalt eines detailreich übermittelten Sachverhalts einzuschätzen. Er braucht dazu wieder das Netz und eine gewisse Netzkompetenz; weder seine Bildung noch seine Bücher können ihm helfen.

Wie im »Zauberlehrling« und im Märchen vom süßen Brei ist der Überfluss zur Überforderung, ja zur Bedrohung geworden. Direkt neben der neuen Leichtgläubigkeit wurde, ausgerechnet im Wissenszeitalter, blinde Skepsis zum gültigen Credo. Viele Menschen können der Flut nur noch trotzig begegnen, indem sie in einem Aufwaschen *alles* abwehren, auch Fakten, die sich leicht überprüfen ließen. Die durchdigitalisierte Menschheit zerfällt in solche, die noch daran glauben, dass sich irgendwo, mit Mühe, Fußnoten und eigenem Denken, Wahrheiten dingfest machen lassen, und in die anderen, die nur glauben, dass sich wirklich alles widerlegen lässt. Letzteres setzt allerdings unbedingt voraus, dass man die Unterschiede zwischen Fakten und Ansichten maximal verwischt, zwischen kleinen Details und großen Theorien, zwischen Zitat und Kontext, Wahrscheinlichkeiten und Irrationalismus.

Dieses »Ganz-oder-gar-nicht«, dem man nun so oft begegnet, dazu die vielen Paradoxien – je mehr Verknüpfung, desto mehr Zerrüttung, je mehr Daten, desto mehr Unverständlichkeit, je mehr Teilhabe, desto mehr Wut –, sind Indizien für eine um sich greifende Auflösung von Konsistenz. Ihre Welt wird den Menschen qua

Informationsexplosion immer unverständlicher, und das beunruhigt sie bis zum Wahnsinn. Im Grunde ist das keine unvernünftige Reaktion. Aber all die Paradoxien dürften, so analytisch interessant sie auch sind, die grinsenden Geier über einer immer heftiger zerstrittenen Herde sein. Es sind Krisensymptome, auf die die Coronapandemie noch einmal scharf gestellt hat.

Vor der Erfindung der Atomwaffen und von kosmischen Ereignissen wie Meteoriteneinschlägen und darauffolgenden Eiszeiten abgesehen, waren Seuchen die größte Bedrohung der Menschheit. Eine ihrer größten Errungenschaften ist daher die Seuchenbekämpfung durch präventive, kontrollierte Immunisierung, vergleichbar nur der Entdeckung der Antibiotika. Impfung und Antibiotika gemeinsam halfen, viel mehr Erreger zurückzudrängen und auszurotten, viel mehr Epidemien zu verhindern, als neue ausbrechen konnten. Auch daher die jahrzehntelange Ruhe und vermeintliche Sicherheit, auch daher die große Überraschung im Jahr 2020, dass es so etwas wie einen globalen Krankheitsausbruch überhaupt noch geben kann. In einem Gastkommentar, der eigentlich von den dramatischen Zuständen auf deutschen Intensivstationen handelte, versteckte der Münchner Intensivmediziner Matthias Baumgärtel eine bedeutsame These: »Zu den Seuchenbeschleunigern gehören die sogenannten ›sozialen Medien‹. Hätte

es in den 60er und 70er Jahren schon das Internet gegeben, wäre es wahrscheinlich nicht gelungen, die Po-
cken auszurotten. Massenhysterie kann sich dort so ungebremst entwickeln wie Fallzahlen.«[4]

Die Erfolge einer historischen Errungenschaft werden also durch eine weitere Erfindung der Menschheit zurückgedreht. Die sozialen Medien haben die Fähigkeit, wie eine Impfung in die andere Richtung zu
wirken; sie verbreiten die Stoffe Aberglauben, Wis-
senschaftsskepsis, Anbetung der Individualität, aggressiver Egoismus, Selbstliebe, Kompromisslosigkeit. Sie
führen zu Todesfällen und ernster Gesundheitsgefähr-
dung. Sie zer-impfen in bestimmten Segmenten der
Bevölkerung die Impfbereitschaft. Dabei beruht ihr Erfolg auf demselben Treibstoff wie jener von gelungenen
Impfkampagnen; auch die sozialen Medien gewinnen
ihren weltverändernden Charakter dadurch, dass sie
die Massen erreichen, dass sie nur mit der und durch
die Masse wirken. Erst als Massenphänomen wird so
etwas überhaupt möglich: Impferfolge von Jahrzehnten zu beschädigen.

Eine breitere Impfskepsis hat schon vor der Coronapandemie eingesetzt. Das Innere des menschlichen
Körpers, vielleicht noch mehr die mögliche Überwin-

---

4 Matthias Baumgärtel: Wir ermöglichen dann ein letztes
   Videotelefonat, Süddeutsche Zeitung vom 3. Dezember 2021

dung der Grenze zwischen innen und außen, ist seit jeher heikel und angstbesetzt. Verschwörungserzählungen drehen sich oft um verfälschtes Blut und vergiftetes Wasser. Auch die alten judenfeindlichen Mythen funktionierten so. Den Juden wurde angedichtet, dass sie es beim »Ritualmord« auf das »reine Blut« der Christenkinder abgesehen hätten, und vorgeworfen, Brunnen zu vergiften – bedrohlich ist, was in Körper eindringt oder ihnen gewalttätig entnommen wird. Evolutionär gesehen ist das bestimmt vernünftig so. Bevor die Wissenschaft so weit war, Viren, Bakterien und Gifte zu identifizieren, wurden Menschen zu Sündenböcken gemacht. Die bei Showalter beschriebenen Außerirdischen, die an Schwangerschaften und Fehlgeburten schuld sein sollten, schlagen letztlich dieselben Saiten an.

Die Idee der Impfung berührt also ein Tabu. In den eigenen Körper wird etwas eingespeist, was seine Reaktionen verändert. Das ist keine harmlose Vorstellung. Und doch folgten die Menschen über ein Jahrhundert lang den Vorschlägen ihrer Eliten, der Ärzte, Wissenschaftler, Impfkommissionen. Denn sie kannten die Seuchen. Meine Mutter, Jahrgang 1943, erzählte mir, wenn ich zum Impfen musste, von den Diphterieopfern ihrer Grundschulzeit, von den Kerzen, die morgens auf den leergebliebenen Pulten ihrer Mitschülerinnen standen. Natürlich wurden Fehler mit Impfungen gemacht, Menschen starben wegen dieser Fehler, an

Nebenwirkungen und Unverträglichkeiten. Aber am Ende steht eine unbestreitbare Erfolgsgeschichte: Es genügt, die europäischen Säuglings- und Kindersterblichkeiten zu Beginn und Ende des zwanzigsten Jahrhunderts zu vergleichen. Millionen von Menschen konnten überhaupt nur deshalb erwachsen werden und Nachkommen zeugen, weil sie geimpft waren. Und deshalb war der Witz, den ein Berliner Stadtmagazin vor mindestens zehn Jahren auf seine Titelseite schrieb, so hart wie wahr: »Sie müssen Ihre Kinder nicht gegen Masern impfen lassen« stand da in großen Lettern; und in sehr kleinen darunter: »nur die, die Sie behalten wollen«.

Eine erste größere Anti-Impfkampagne, ein Boykott der Polio-Schluckimpfung, wurde in Nigeria in den Jahren 2003 bis 2004 lanciert. Hintergrund war eine politische Auseinandersetzung zwischen christlichen und muslimischen Provinzen, die sich nur schwer erklären lässt. Vergleichsweise einfach war es dagegen, die Menschen massenhaft gegen die Impfung zu beeinflussen. Unter anderem wurde gestreut, sie mache unfruchtbar. Dieses zynische Spiel hatte schreckliche Folgen für viele, verursachte Tod und zahllose schwere Behinderungen.

Und dann war es offenbar Italien, wo man entdeckte, wie gut sich Impfskepsis über digitale Netze verbreiten lässt. Die »Bewegung fünf Sterne« des Schauspielers und Komikers Beppe Grillo ging ursprünglich aus einem Blog hervor, den Grillo mit dem Mailänder Internetpionier und Marketingexperten Gianroberto Casaleggio begründet hatte. »Fünf Sterne« begann, Zweifel an der Masernimpfung zu schüren, die Impfung rufe, wie auch in Deutschland immer wieder fälschlich behauptet wird, frühkindlichen Autismus hervor. Die No-Vax-Kampagne von 2015, die bereits über die sozialen Medien lief, muss aus Fünf-Sterne-Sicht ein großer Erfolg gewesen sein, die Masern-Impfrate von italienischen Kleinkindern ging in den folgenden Jahren kontinuierlich zurück. Im Jahr 2017 kam es zu so einem dramatischen Ausbruch der Kinderkrankheit, dass sich die italienische Regierung seither gezwungen sieht, hart gegenzusteuern, auch mit Impfpflichten. Bei schweren Verläufen können die hochansteckenden Masern zu Gehirnhautentzündung, Lähmungen, geistigen Behinderungen und zum Tod führen. Fast neunzig Prozent der italienischen Erkrankten von 2017 waren nicht geimpft. Und eine rechte Zeitung namens »La Veritá« macht auch im Jahr 2023 fast täglich mit einem No-Vax-Thema auf. In Zeiten, in denen gedruckte Zeitungen weltweit sterben, überlebt eine italienische Drucksache wie ein Vampir ausgerechnet mit diesem dunklen Thema.

Seither stecken Impfgegner und Internet einander weltweit an. Obwohl Italien zu Beginn der Coronapandemie so dramatisch vom Virus getroffen wurde, kam es später teilweise zu gewaltsamen Ausschreitungen bei

Demonstrationen gegen die Corona-Schutzmaßnahmen. Der Grund für diese Heftigkeit lag womöglich in der Vorbereitung durch die Anti-Masern-Kampagnen. Der Skepsis- und Widerstandserreger hatte Zeit gehabt, sich zu verbreiten. Basale Ängste, die von der Auflösung der Körpergrenzen, von Ansteckung, Krankheit, Tod und Entindividualisierung handeln, sind offenbar von diesen Medien besonders gut zu schüren. Und das hat mit einem weiteren Paradox zu tun.

Die Digitalmoderne beweist einerseits das technologische Genie der Menschheit; alles, was es heute gibt, von riesigen Computerprogrammen bis zu winzigsten Prozessoren und schwindelerregenden Speicherkapazitäten, hat, zählt man noch die Elektrizität hinzu, rund einhundertfünfzig Jahre Entwicklungszeit benötigt. Aber eine enorme Anstrengung bloß des letzten Jahrzehnts richtete sich darauf, die hochkomplexe Technik an den durchschnittlichen Menschen, nicht den Fachmann, anzupassen, sie ihm *ganz natürlich,* also beinahe menschlich vorkommen zu lassen, wie eine Verlängerung von Herz und Hand. Es dürfte schwer zu widerlegen sein, dass viele Menschen ihr Handy im Tagesschnitt länger anschauen als irgendeinen *Artgenossen.* Genau wie mein Sohn erkennt mich auch mein Handy an Gesicht und Stimme. Immerhin waren es (noch) Menschen, die für ihre Maschinen Wörter wie »intuitive Benutzeroberfläche« erfunden haben, und nicht etwa umgekehrt intelligente Roboter für Menschen, mit denen sie gerne Sex hätten. Aber Kleinkinder können auf Bildschirmen früher »umblättern« als in Büchern. Menschen sind inzwischen auch emotional fest an ihre Geräte gebunden.

Jeder könnte es längst wissen, und doch scheint diese beunruhigende Tatsache noch immer nicht in der Mitte der Gesellschaft angekommen, jedenfalls nicht im Vergleich mit dem Wissen, dass Nikotin und Radioaktivität gefährlich sind oder der Klimawandel unseren Fortbestand bedroht: Gerade die scheinbar harmlosesten, alltäglichsten Apps sind designt wie Drogen. Sie regen auf hinterhältige Weise die Dopaminausschüttung an, zielen direkt auf die Lust- und Belohnungszentren im Gehirn. Ein einziges Beispiel ist von perfekter Eindrücklichkeit: Die drei blinkenden Punkte bei den Messengerdiensten gab es nicht von Anfang an. Eines Tages hat sie jemand erfunden, von dem ich mir vorstelle, dass er vielleicht vorher mit Laborratten gearbeitet hat. Und seither warten Millionen überall auf der Welt jeden Tag geduldig, sobald sie diese verheißungsvollen Pünktchen, manchmal zusammen mit dem Wörtchen »schreibt …«, sehen. Die Nutzer starren auf dieses digitale Versprechen, *jemand schreibt mir, gleich wird etwas kommen, das warte ich noch schnell ab.* Typischerweise gilt das besonders für Verliebte und für Streitende, also für die emotionalen Extremlagen. Man kann die Augen nicht davon lassen, das Gerät nicht weglegen, man ist gefesselt und gebannt. So war es beabsichtigt. Wie viel Zeit sie alle, wir alle täglich warten – das würde ich gern von einem Supercomputer ausgerechnet bekommen.

Unsere Neugier ist so anfällig wie die der meisten intelligenten Tiere. Menschen können genauso leicht auf optische und akustische Signale konditioniert werden wie Hunde auf Ultraschallpfeifen und Ratten auf Tasten, die ihnen Heroin verabreichen. Die wenigsten Nutzer von Messengerdiensten sind stark genug, diese Funktionen auszuschalten, viele interessiert gar nicht, wie das geht. Fast jeder hat *Lesebestätigungen* aktiviert, aus Neugier. Aber zu Spielfilmen wie »Das Leben der anderen«, in denen Überwachung durch die Stasi oder andere Geheimdienste gezeigt wird, verhält sich die Moral ganz anders, empfindlicher. *Lesebestätigungen* sind ja einfach nur eine gegenseitige Verabredung, nicht wahr? Und keine Ausübung von Gewalt. Aber Letztere ist darin doch zumindest angelegt.

Die Technologie, die inzwischen so viele Lebensbereiche regelt, hat sich also auch psychisch unentbehrlich gemacht. Edward Tuftes Zitat ist altbekannt: »There are only two industries that refer to their customers as ›users‹: illegal drugs and software.«

Hier ist eine Analogie zwischen Viren und Bakterien einerseits und stark emotionalisierenden Inhalten wie aggressiver, paranoider Impfgegnerschaft andererseits:

Kaum eindämmbar verbreiten sie sich auf Wegen, die die wenigsten genau verstehen oder beschreiben können. Erst wenn sie ans Ziel gelangt sind, bemerkt man sie. Sie schweben durch die Lüfte, über WLAN und Handynetze, laufen durch Glasfaserkabel und über Serverfarmen. Sie umgehen gesellschaftliche Immunsysteme und demokratische Filter und greifen die schwächsten Glieder der Kette als Erste an. Und sie büßen erstaunlicherweise auf ihren langen und verschlungenen Wegen nichts an Kraft und Infektiosität ein, genauso wenig wie die Aerosolwolke voller Covidviren, die der eine ausatmet und die nächste wieder ein.

III.

Maßstäbe 1

»The real problem is not whether machines think but whether men do. The mystery which surrounds a thinking machine already surrounds a thinking man« – B. F. Skinner

Während der Coronapandemie wurde noch einmal klar, wie schwer es Menschen fällt, die Wucht exponentieller Steigerung zu erfassen. Sie bleibt für den intellektuellen Apparat unbewältigbar, passt nicht in den Rahmen menschlicher Intuition. Menschen können sich diesen Riesensprüngen der Vervielfältigung nur annähern, mit Bildern und Geschichten wie der vom Reiskorn und dem Schachbrett. Der Legende nach soll sich der Brahmane Sissa ibn Dahir von seinem Herrscher die Reismenge gewünscht haben, die sich nach der Schachbrett-Verdoppelungsformel ergibt, also ein Reiskorn auf dem ersten Feld, zwei Reiskörner auf dem zweiten, vier auf dem dritten, acht auf dem vierten und so weiter, immer weiter verdoppelt, Feld für Feld. Ein Schachbrett hat vierundsechzig Felder, dreiundsechzigmal das Vorhergehende zu verdoppeln beschreibt die Exponentialfunktion. Und sich so viel Reis zur Belohnung zu wünschen, ist das Gegenteil von Bescheidenheit, als die es der Herrscher im ersten Moment intuitiv bewertet.

Seit Beginn des Computerzeitalters wächst in der Technik so vieles, von den Rechenleistungen der Hardware bis zu den erreichbaren Sende- und Speicherkapazitäten, exponentiell an, aber die umstürzenden Folgen für die Menschen werden ausgeblendet. Auch deshalb trifft der oft trotzig wiederholte Satz grandios daneben, demzufolge man ein Werkzeug (also etwa Twitter) doch wirklich nicht dafür verantwortlich machen könne, wie Menschen es einsetzen.[5] Auch andere Werkzeuge seien schon missbräuchlich verwendet worden, auch mit einem Rad oder einem Hammer könne man einen Mord begehen. In der Summe ihrer Wirkung haben Apps und vor allem die sozialen Medien aber mit herkömmlichen Werkzeugen viel weniger zu tun als eben mit bewusstseinsverändernden Drogen – doch muss man die absichtlich manipulativen Anteile der Programme hierfür noch gar nicht bemühen. Es würde schon reichen, die neue digitale Lebenswirklichkeit mit den allerersten Feldern zu vergleichen, auf denen nur eine Hand-

5 Tristan Harris in der Netflix-Dokumentation »The Dilemma with Social Media«: »If something is a tool, it is just genuinely sitting there, waiting, patiently. If something is not a tool, it's demanding, it is seducing you, manipulating, it wants things of you. Social Media is not a tool.«

voll Reiskörner liegt, um die Unterschiede zu sehen: Wir leben erst seit einem Dutzend Jahren inmitten der unbewältigbaren Exponentialität und tun weiterhin so, als wäre alles wie früher. Ist das tapfer oder dumm?

Womit haben Menschen jahrtausendelang über Entfernungen kommuniziert? Mit Briefen. Digitale Kommunikation dagegen, egal ob über E-Mails, Messengerdienste oder soziale Medien, unterscheidet sich davon kategorial, alle bisher etablierten digitalen Formen verhalten sich grundlegend anders. Sie sind viel mehr als einfach technischer Fortschritt. Sie sind nicht bloß »unstofflich«, weil sie nur auf Bildschirmen erscheinen, nein, sie haben auch alle anderen entscheidenden Parameter verändert: durch ihre Geschwindigkeit, ihre Unmittelbarkeit trotz räumlicher Distanz, dadurch, dass sie unendlich vervielfältigbar und, last but not least, prinzipiell unlöschbar sind.

Digitale Kommunikation erzeugt fatale Illusionen von Gleichzeitigkeit und Nähe. Durch klassische Sinnestäuschung rückt einem die große, furchtbar komplizierte und gewalttätige Welt dauernd auf den Pelz. Kann man, ständig an den Geräten hängend, die Informationen überhaupt noch in die Reihenfolge ihrer Wichtigkeit bringen, wenn die beruflichen Projekte, die Diskussionen in Familien-, Nachbarschafts- und Mietergruppen, die Twitter-Wellen und *breaking news* von Kriegen, Naturkatastrophen und Flugzeugabstürzen mehr oder weniger gleichzeitig und abwechselnd einströmen? Geschehen nicht automatisch kommunikative Übersprungshandlungen nach dem Watzlawick'schen Muster (»Behalten Sie Ihren Hammer, Sie Rüpel!«), einfach, weil man jederzeit zurückfeuern kann? Auf Twitter gibt es täglich Beispiele für solche osmotischen Schwappungen, wenn ganz unterschiedliche Themen einfach qua überschießender Emotionalität vernäht werden: »Gerade sind wieder 34 Menschen vor Malta ertrunken: Und Sie haben nichts Besseres zu tun, als ...«

Auf Twitter mit seinen Journalistenballungen lässt sich außerdem gut beobachten, dass berufsmäßig Schreibende besonders gefährdet sind, aus den schriftlichen Kämpfen nicht wieder hinauszufinden, sie nehmen selbst ihren Scheidungsanwälten die Formulierungen aus der Hand. Noch vor dem Frühstück entstehen bereits Kettenbriefe der Empörung.

Dagegen früher, der gute alte Brief: Ich setze mich äußerst erregt hin, beginne, mit scharfen Worten zu schreiben, aber schon nach einer halben Seite und einem schmerzenden Handgelenk wird mir klar, dass das alles wenig lohnt und ich mich vielmehr lächerlich mache. Oder: Ich habe diesen Brief wie ein Laserschwert zwar heißblütig zu Ende geschrieben und mit Nachdruck zugeklebt, aber jetzt fehlt mir die Briefmarke. Also fange ich doch an, zu überlegen ... War es richtig, mit »Sie unbelehrbares Arschloch« zu enden? Soll ich wirklich den ganzen Brief noch einmal schreiben, nur um diese überzogene Schlussformel zu eliminieren? Oder einfach zerreißen und Schwamm drüber? Von den Älteren kennt fast jeder eine Geschichte, wo – aus welchen Gründen auch immer – jemand demütig neben einem Briefkasten ausgeharrt hat, bis endlich der Entleerer kam, den man flehentlich bat, einen bereits eingeworfenen Brief heraussuchen und wieder an sich nehmen zu dürfen. Rührende Begebenheiten, die von heute aus so historisch klingen, als wären sie aus Doderers Zeit, als er beim Ulanenregiment einrückte, mit achtzehn Jahren und dem vorgeschriebenen eigenen Pferd ...

Zeit spielt die bedeutendste Rolle, sie ist ein entscheidender Faktor. Beschleunigung ist nämlich kein Wert an sich, beinahe im Gegenteil. Das könnten wir inzwischen zwar begriffen haben, aber der Vergleich zwischen dem alten Brief einerseits, der Mail und allen Messengerdiensten andererseits macht es noch einmal deutlich. Zeit zu haben, sie zu verschwenden und zu verlieren ist möglicherweise gerade das, was den sterblichen Menschen von seiner Technik unterscheidet. Der unbezähmbare menschliche Trieb, Neues zu erfinden, kommt ja wahrscheinlich daher, dass sich Menschen seit jeher in die Zukunft verlängern wollen, über ihre individuell erreichbare Lebenszeit hinaus, dass die Menschheit seit jeher die Zeit und den Tod besiegen will. Und obwohl es eigentlich nicht unmittelbar zusammenhängt, haben viele Erfindungen im Laufe der Jahrhunderte alles kontinuierlich beschleunigt, bei gleichzeitig deutlicher Verlängerung der Lebenszeit. Ist also der Punkt erreicht, wo wir uns – nicht nur kommunikativ – selbst überholen, uns selbst nicht mehr nachkommen und damit zerreißen?

Im Falle des altmodischen Briefeschreibens wirkte die Zeit wie ein Airbag, der eine Menge Fehler und Katastrophen verhinderte. Niemand wird widersprechen, dass die Anzahl der zerrissenen, niemals abgeschickten Briefe die der zugestellten um ein Vielfaches überschreitet. Und die der aufbewahrten und erhaltenen, somit publizierbaren, sowieso. Aber dieser Airbag aus Zeit ist restlos vernichtet, nicht einmal etwas von der Dicke eines Bremsbelags ist übriggeblieben. Onlinekommunikation funktioniert fast so affektiv wie sprechen: tippen, senden, weg – uneinholbar, nie wieder einzufangen.

Hinzu kommt, dass die unnatürliche Kombination ihrer Eigenschaften – zeitlich unmittelbar, aber räumlich distant – hochproblematisch ist. Denn eine solche Kombination neigt nicht nur zur Gewalt, sie fördert sie sogar. Es ist vergleichbar mit der Erfindung des Schwarzpulvers und der Handfeuerwaffen. Vorher musste man dem Feind noch nahe treten, um ihn zu erschlagen oder zu erstechen, einschließlich aller damit verbundenen Sinneseindrücke. Seither geht das auf Entfernung: bloß ein Punkt, auf den man zielt, dann macht man den Finger krumm. Das ist unpersönlicher, kälter und kommt ohne Blut an den Händen aus. Irgendwohin ins Blaue schießen, und weit weg hinter den Linien, unsichtbar, fällt vielleicht einer um – das taugt auch als Metapher für den verbalen Umgang im Netz.

Für das Potenzial zur Enthemmung gibt es längst einen Fachbegriff – »online disinhibition effect«. Die Digitalisierung aller Kommunikation ist eine hinreichende Erklärung für die Erosion und Brutalisierung des öffentlichen Diskurses, für die weitreichende Vernichtung von Anstand, Takt und Großmut zwischen Menschen, auch in friedlichen Ländern. Das ist messbar und strahlt zurück.

Früher gab es nur zwei, voneinander streng geschiedene Möglichkeiten, sozusagen Aggregatzustände der Kommunikation. Es gab die gesprochene Sprache mit der ihr immanenten Gnade von Flüchtigkeit, Vergänglich- und Vergesslichkeit, die alle Affekte und Übertreibungen abschwächt und ausgleicht. Dazu zählt auch das Telefongespräch. Und auf der anderen Seite gab es die geschriebene Sprache, der etwas Überlegteres, Gültigeres, Gewichtigeres innewohnte, schon weil man viel mehr Zeit und Mühe darauf verwenden musste. Das Ergebnis (der Brief, das Flugblatt, das Buch) trug die Art seiner Entstehung als zusätzliche Qualität in sich. Es war haltbarer und bedeutsamer.

Heute haben wir ein giftiges Hybrid aus beidem. Der Unterschied zwischen *gesprochen* und *geschrieben* ist fast zur Gänze aufgehoben, denn selbst das, was man irgendwo murmelt, wird wahrscheinlich aufgezeichnet. Digitale Kommunikation feuert fast so schnell wie gesprochene Sprache, obwohl der Adressat im nebligen Irgendwo ist – sie erreicht ihn trotzdem. Niemand kann sich vor seinen verschiedenen Accounts verstecken, aber ohne sie zu leben, schafft auch kaum einer. Gleichzeitig wirkt diese Kommunikation – trotz aller Tippfehler, albernen Emojis und verwackelten Videos – schon wegen ihrer Unlöschbarkeit gültiger, kann auch Jahre später hervorgeholt und als Beweisstück präsentiert werden. Und dazu tritt dann noch, wie in einem Fluch, Märchen oder in einer Epidemie, die schier unendliche Vervielfältigbarkeit.

Überall, auch in meinem Freundeskreis, gibt es Menschen, die völlig unkritisch E-Mails oder Messenger-Nachrichten an Dritte weiterleiten und nicht darauf achten, dass eine Sammelmail viele weitere, nicht öffentliche Adressen enthält oder an einer E-Mail noch ein langer Schwanz an alter, sensibler Korrespondenz hängt. Einfach klick und weiter, und weil es viele so machen, erscheinen all unsere erregten Diskussionen und komplizierten Gesetze zu den Themen Datenschutz und Ausspähung naiv und lächerlich. Auch das ist wiederum typisch Mensch: Er beschuldigt immer erst die anderen, bevor er den Fehler bei sich sucht. Dabei handelt es sich um zwei ganz verschiedene Themen. Während man politisch unbedingt Sorge dafür tragen muss, dass weder staatliche Institutionen noch Kapitalismusriesen wie Google oder Facebook ihre Kunden massenhaft ausspähen oder mit deren Daten Geschäfte treiben, muss jeder das eigene Verhalten im Netz einer mindestens ebenso kritischen Revision unterziehen. Diskretion im Netz gehört endlich gelernt. Es reicht bei weitem nicht, Kinder auf diese Gefahren aufmerksam zu machen (»Poste mal nicht so viele Fotos von dir!«), solange sich die meisten verhalten wie *digital naïves,* die glücklich mit den bunten Perlen, äh, Apps spielen, ohne Sinn dafür, warum sie ihnen geschenkt wurden. Niemand würde Pillen schlucken, die umsonst auf der Straße verteilt werden, im Gegenteil steigt die generelle Medikamenten- und Impfskepsis seit Jahren an, vielleicht in einem ähnlichen Ausmaß, in dem die wissenschaftliche Qualitätssicherung präziser wird. Aber wenn es um Gratis-Apps geht oder um das Kleingedruckte der Datenverarbeitung in den geliebten sozialen Medien, sind die meisten zu allem bereit.

Man könnte also argumentieren, dass das gute alte Briefgeheimnis in der digitalen Welt längst weitgehend außer Kraft gesetzt ist. Und zwar noch ohne die komplexen technischen Möglichkeiten der Böswilligen (hacken, Trojaner einschleusen, überwachen). Ganz freiwillig lassen wir uns durchschauen, und alle Gesetze und Regularien (wie etwa die EU-Datenschutz-Grundverordnung) hinken den technischen Möglichkeiten naturgemäß immer um Jahre hinterher. Wer ausschließen will, gehackt oder belauscht zu werden, wird sich daher hinsetzen und einen analogen Brief schreiben. Briefschreiber könnten die Dissidenten der Digitalmoderne sein – aber dieser Zauber kann schon von der Empfängerin gebrochen werden. Sobald sie ihr Handy zückt und den Brief fotografiert, wird dieser zur »digitalen Substanz«, und diese »hat eine grundlegend neue Leichtigkeit. Die digitalen Dinge lassen sich ungleich leichter bewegen als zuvor, weltweit senden, empfangen, verändern, kopieren, mit anderen teilen, remixen.«[6] So rätselhaft flüchtig die digitalen Dinge sind, betreten sie durch ihre Digitalisierung einen Raum, in dem theoretisch nichts mehr vergessen und verziehen werden kann.

Der alte Briefgeheimnis-Paragraph bleibt derweil einfach im deutschen Grundgesetz stehen wie ein seltsames, ehrwürdiges Relikt aus alter Zeit, wie der Kölner Dom, dem die Datenströme, die ihn *wireless* umtosen, ja auch nichts anzuhaben scheinen. Das sind schon beeindruckende Gleichzeitigkeiten.

6   Peter Glaser: Kulturelle Atomkraft, Berliner Zeitung
    vom 26. August 2009

IV.

Maßstäbe 2

*»Man richtet die Presse zugrunde, wie man eine Gesell-
schaft zugrunde richtet: indem man ihr alle Freiheit lässt« –*
Honoré de Balzac

Die sozialen Medien verfügen zwar, wie schon beim Ara-
bischen Frühling oder bei »Occupy Wallstreet« zu sehen war, über enorme Mobilisierungsfähigkeiten, die
auch Diktatoren beunruhigen; daher versuchen diese
oft, Webseiten blockieren oder ganze Teile des Netzes
abschalten zu lassen. Nicht zufällig sind den russischen
Soldaten im Ukraineeinsatz Smartphones verboten. Aber
der realpolitische Ertrag digitaler Mobilisierung war bisher eher gering, die Mobilisierungseffekte verpuffen. Der
größte Erfolg von »Fridays for Future« bestand aus den
echten Menschenmengen, die zum gleichen Zeitpunkt
auf die Straßen der Welt gebracht wurden. Nur weil den
jungen Klimaaktivisten das gelang, wurden sie zu politischen Gesprächspartnern. Und während #MeToo und
#BlackLivesMatter für die jeweiligen gesellschaftlichen
Missstände erst breite Aufmerksamkeit schaffen konnten, werden längerfristige Erfolge durch kleine, aber
besonders laute Gruppen beschädigt, die sich über De-
tailfragen in digitale Schlachten verwickeln.

Echte Revolutionen hingegen müssen, wie im Iran, immer noch auf der Straße, unter Einsatz des eigenen Lebens, herbeigeführt werden, auch wenn die Aufrufe dazu im Netz und der Netzlogik folgend verbreitet werden. Ausschlaggebend bleibt, wie viele Menschen bereit sind, sich zu opfern, in diesem alttestamentarisch furchtbaren, kreatürlichen Sinn. Ausschlaggebend bleibt, welche blutigen Exempel Regimes zu statuieren bereit sind, wie im Juni 1989 auf dem Platz des Himmlischen Friedens in Peking.

Jede neue Bewegung trägt, indem sie viele begeistern und mitreißen kann, strukturell immer auch den Keim zur Radikalisierung in sich. Gruppen bilden sich, die die möglichst reine Lehre nicht nur vertreten, sondern missionierend durchsetzen wollen. In der digitalen Welt werden extremistische Splittergruppen aber unverhältnismäßig sichtbarer. Früher mussten sie sich zur allgemeinen Wahrnehmung mühsam durchkämpfen. Sie hatten es womöglich sogar schwerer, weil das physikalische Trägheitsmoment auch in gesellschaftlichen Prozessen wirkt. Echte Mobilisierung ist weiterhin viel schwerer zu erreichen als digitale, auch das trägt zu den vielen optischen Täuschungen beim Blick auf die Gegenwart bei. Die Frage wäre, ob von digitaler Mobilisierung überhaupt viel mehr bleibt als gesellschaftliche Unruhe und Unmut. Vielleicht sind diese beiden der eigentliche »realpolitische Ertrag«, ein ungeplanter Nebeneffekt mit bleibenden und schlecht kalkulierbaren Folgen.

In der digitalen Sphäre dringt das Krasse, Übertriebene, das am meisten Kontroverse am stärksten durch, weil es technisch möglich und kapitalistisch am einträglichsten ist. Die Empörung ist jenes Gefühl, das die Menschen an ihren Geräten hält, sie begründet den wirtschaftlichen Erfolg der sozialen Medien. Nicht die Vernetzung, nicht die Informationsbeschaffung, schon gar nicht die Aufrechterhaltung von Freundschaften sind das stärkste Bindemittel, sondern die kontinuierlich genährte Empörung über die Zustände in der Welt.[7]

---

7 Der US-amerikanische Dramatiker und Schriftsteller Ayad Akhtar schreibt dazu: »Die Plattform sucht unseren Reizpunkt, und nichts festigt eine Bindung so sehr wie Empörung. Moralische Empörung. Denn da sind die, von denen wir wissen, dass es richtig ist, sie zu hassen, und die, die wir lieben, weil wir zusammen gegen die stehen, von denen wir wissen, dass es richtig ist, sie zu hassen. Das ist die Logik hinter den viralen Kampagnen, die zum Massaker an den Rohinga in Myanmar geführt haben. Das ist die Logik der zunehmend verheerenden Spaltung zwischen Rechts und Links in diesem Land. Angetrieben durch die Bindung und den Gewinn, den sie erzeugt, entfernen sich beide Seiten immer weiter voneinander, sodass sich der Raum zwischen ihnen immer stärker auflädt und immer mehr Gelegenheiten für eine klebrige Bindung eröffnet. Ich habe in letzter Zeit oft gedacht, dass es uns gut täte zu erkennen, dass hinter dem, was wir für eine ideologische Konfrontation halten, mehr Elektrotechnik stecken könnte, als wir uns klarmachen.« ZEIT vom 17. November 2021

Only bad news are good news ist zwar ein altes, sehr menschliches Prinzip, übrigens ebenfalls evolutionär begründet: Gute Nachrichten schärfen die Überlebensfähigkeit weniger als Warnungen vor Kriegen, Krisen und Naturkatastrophen, also ein Wissen um all das, was anderen bereits passiert ist. Doch seit unter den Linsen der Digitalität das *bad-news*-Prinzip technisch so monströs verstärkt wird, überschreitet es jedes menschliche Maß.

Das digitale weltweite Netz ist, von seiner *Natur* her, gar nicht gemacht, ein rechtes Maß zu bewahren. Es ist per definitionem maßlos, also auch in seinen Inhalten und seinem Habitus.

Wo sich viele Menschen ohne Struktur auf engem Raum befinden, wird es schnell laut, schmutzig und gewalttätig. Jede zivilisatorische Anstrengung bemüht sich daher um Abstand und Struktur. Das digitale soziale Netz kann so gesehen nichts anderes produzieren als fortgesetzte Anarchie, mit allen Folgen, und allen schwachen Regulierungsversuchen zum Trotz.

Das »soziale Netz« umfasst mehr als die sogenannten sozialen Medien; alle Orte gehören dazu, an denen Menschen virtuell und regellos aufeinandertreffen. Das sind auch die Kommentarfelder, die »Content-Anbieter«, also die vormals »klassischen« Medien, ihren »Usern« (die vorher Leser oder Zuschauer waren und hießen) zur Verfügung stellen, um digital-emotionale Bindungen zu schaffen, ebenso wie Bewertungsportale – sie alle sind riesige, gut beleuchtete, abwechslungsreich blinkende Schaufenster in die Abgründe der menschlichen Seele. Sie abzuschalten, zu verdunkeln, »vom Netz zu nehmen«, scheint undenkbar. Es traut sich keiner. Den Müll wegzuräumen, würde, anders als in der realen Welt, als maximal »undemokratisch« angesehen, es würde vermeintlich den freien Charakter des Mediums untergraben. Vor allem aber bringen die Schaufenster voller Müll viel Geld.

Anderes Schrifttum im Netz unterliegt durchaus der Kuratierung; je höherwertiger, desto mehr. Für Literatur und Sachbücher werden international zunehmend »sensitivity reader« angeboten.

Es ergibt fast ein Umkehrbild zur realen Welt: Hier herrscht auf den Straßen, jedenfalls in einem Idealzustand, auf den sich die meisten einigen könnten, Frieden und Sicherheit. Niemand, der aus seinem Haus in den öffentlichen Raum tritt, soll sich dadurch in Gefahr begeben müssen. Aber drinnen gibt es Räume abgestufter Privatheit, vom halböffentlichen Empfangsraum bis zur Intimsphäre von Bett und Bad.

Und es gibt auch Treffpunkte für Menschen mit verschiedenen künstlerischen Interessen. Dort gelten andere, teilweise jahrhundertealte Übereinkünfte, die nicht so ohne weiteres auf eine schwer definierbare totale Allgemeinheit umzulegen sind: etwa, dass Kunst-figuren böse sein können, ohne dass das eine Sympathie für sie oder gar eine Aufforderung zum Bösesein bedeutet. »Kunst« und »Amoral« verhalten sich zueinander wie »Werbung« und »Wirklichkeit«; die Kunst stellt die Amoral nur dar. Aber das ist unterschiedlichen Gruppen von Menschen nur in sehr unterschiedlichem Ausmaß klar.

Die digitale Welt funktioniert genau andersherum: Dort, wo alle Zutritt haben, ist es *lebensgefährlich* im systemimmanenten Sinn; nicht für die körperliche Unversehrtheit eines realen Menschen, aber doch für die Persona, die er sich geschaffen hat, weil er dort mit ihr reüssieren will. Nach ruinösen Skandalen und Shitstorms bleibt den Betroffenen oft nur, alle Accounts und Profile zu löschen, es ist der Tod ihrer digitalen *Persona*. Sie muss digital verschwinden wie in einem Zeugenschutzprogramm. Der analogen Person, dem realen Menschen dahinter, wird das kaum gelingen; er bleibt mit digitalen Mitteln weiterhin ausforschbar.

Und ausgerechnet dort, wo sich früher nur spezialisierte Fachgruppen trafen, wird nun das Maß an der Masse genommen.

Jeder, der einen Führerschein macht, lernt den *Vertrauensgrundsatz* kennen. Er besagt, dass man sich grundsätzlich auf das richtige Verhalten der anderen verlassen kann und *davon ausgehen* soll. Wer sich regelkonform verhält, schützt sich und die anderen; umgekehrt werden Autos und LKWs erst seit sehr kurzem als terroristische Waffen eingesetzt und verbreiten dementsprechend Angst und Schrecken – solche Täter kündigen überdeutlich den Vertrag auf, zerstören das Weltvertrauen, auf dem er beruht.

Die Straßenverkehrsordnung als relativ junges, großes und weltweit gültiges System, das zufällige, anonyme Massen regelt, um Havarien zu verhindern, kann hier vielleicht als Vergleich dienen. Jeder kann prinzipiell teilnehmen, aber nur auf dem einfachsten, mit eigener Muskelkraft betriebenen Level. Danach steigen die Anforderungen. Erst wird, durch Kfz-Kennzeichen schon auf Mopeds, die Anonymität zumindest teilweise aufgehoben, dann gibt es, mit den verschiedenen Führerscheinen, weitere Zugangsprüfungen. Ebenso wie sein Auto muss auch der steuernde Mensch »zugelassen« werden. Das empirisch sicherste Verkehrsmittel ist das Flugzeug, obwohl es theoretisch das gefährlichste ist. Die Piloten von Passagierflugzeugen erneuern alle sechs Monate ihre Fluglizenz mit einer Prüfung, deshalb sind dort oben, auf zehntausend Metern Höhe, nur bestausgebildete Profis unterwegs, anders als unten im Straßenverkehr, wo dementsprechend viel mehr passiert.

Man könnte die sozialen Netzwerke mit öffentlichen Verkehrsmitteln vergleichen. Im Idealzustand wären sie wie jene, die man angesichts der Klimaerwärmung so heftig herbeiwünscht: schnell, sauber und verlässlich, an jedem Ort und zu jeder Zeit für jedermann, für kleines Geld und barrierefrei zu benützen. Nun geht aber jeder, der hier einsteigt, das Risiko ein, beschimpft, verhöhnt, gedemütigt zu werden. Die Wahrscheinlichkeit für unliebsame zwischenmenschliche Vorfälle ist sehr hoch. Die Robusteren sagen, stellt euch nicht so an, wer weiterkommen will, muss etwas aushalten. Die Ängstlicheren schweigen und bleiben weg. Genauso ist es mit der digitalen Prozession: Unaufhaltsam ist sie auf dem Weg, mit Pauken und Trompeten, und jeder, der gerade noch ein kleiner Kaiser war, kann Stunden später schon dem Hohn der Massen anheimfallen.

Überall sonst werden große, zufällige und weitgehend anonyme Menschenmassen durch Hierarchien und Zugangsbeschränkungen gebändigt. Das dient dem Schutz des Einzelnen. Für das Zusammentreffen in der digitalen Welt ist das bisher nicht in Sicht; mit einem irregegangenen, banalisierten Freiheitsbegriff ist man darauf geradezu stolz. Die Entwicklung geht vielmehr in die entgegengesetzte Richtung: besonders durch künstliche Intelligenz und sogenannte Deepfakes, die, wie so vieles andere zuvor, als neue große Chance für Wirtschaft und Gesellschaft entwickelt und angesehen werden, deren zerstörerisches Potenzial aber unabsehbar ist. In einem Bericht von Europol, der europäischen

Strafverfolgungsbehörde, wird davor gewarnt, dass bald »die Bürger nicht mehr über eine gemeinsame Realität verfügen oder dass gesellschaftliche Verwirrung darüber entstehen könnte, welche Informationen zuverlässig sind; eine Situation, die manchmal als ›Informations-apokalypse‹ oder ›Realitätsverlust‹ bezeichnet wird«.[8]

8 New York Times vom 26. Januar 2023, Tiffany Hsu:
   As Deepfakes Proliferate, Nations Struggle to Respond

V.

Die ideale Debatte und was von ihr übrig ist

»Information ist schnell,
Wahrheit braucht Zeit« – Peter Glaser

In einer idealen Debatte würde ein relevantes Thema verhandelt, bevorzugt von Teilnehmern, die über fachliche Expertise, gute Analysefähigkeiten und einen originellen Blick verfügen. Sie würden versuchen, das Thema von möglichst vielen Seiten zu beleuchten. Dass Debattenbeiträge aneinander vorbeigehen, weil die eine ihren Blick eher auf historische Ursachen (Wie kamen wir dahin, wo wir heute stehen?), der andere auf aktuelle Fehlentwicklungen (Das wird passieren, wenn wir nicht schleunigst …) und die dritte auf einen abgelegenen Seitenstrang (Es wird übrigens zu oft übersehen, dass …) legt, wäre dabei normal. Debatten haben kein klares Ergebnis wie ein Fußballspiel, im Idealfall verdichten sie ihr Thema ebenso, wie sie es verzweigen. Sie würden einen guten Überblick über die oft sehr komplexen Pros und Cons bieten. Sie dienten der Meinungsbildung, sie öffneten Verständnis besonders für die Argumente der Gegenseite, sie wären die Chance, dass alle voneinander lernen. Ihr höchster Sinn läge in Verbreiterung des Wissens wie der Argumente, in Ausgleich und Kompromiss. Sie könnten sein wie gute Streitgespräche, bei denen man verblüfft beiden Kontrahenten recht geben will. In idealen Debatten dürfte um der Verständlichkeit willen durchaus zugespitzt werden, sie könnten unterhaltsam und gern polemisch sein, aber in Summe wären sie so etwas wie die angekündigten Notfallübungen einer aufgeklärten Gesellschaft, standardisierte Verhaltensnormen für Stressmomente – *Bei Feueralarm bitte geordnet das Gebäude verlassen und den Fahrstuhl nicht mehr benutzen. Nicht über andere hinwegtrampeln sowie Gepäck und Wertsachen zurücklassen, sie sind weniger wichtig als die Unversehrtheit Ihrer Mitmenschen.*

Diese Debatten wären außerdem eher ruhig, denn sie wären Phänomene der unaufgeregten Schriftlichkeit. Längere Texte, also geordnete Gedanken, müssten erst einmal entwickelt und geschrieben, dann gelesen und verstanden werden. Vorher könnte angemessener Widerspruch gar nicht erfolgen, auch wenn Martin Walser einmal so komisch paradox seufzte: »Je genauer ich meine Meinung zum Ausdruck zu bringen vermag, desto genauer produziere ich im Andersdenkenden die Widerlegung meiner Meinung. Wäre ich still gewesen, wäre der Widerpart reiten oder baden gegangen, jetzt schreibt er aber einen fulminanten Artikel.«

Ideale Debatten hat es nie gegeben, werden die einen sagen, die anderen hingegen: Es gibt sie doch immer noch! Man dürfe sich nur nicht vom parallel stattfindenden Kurznachrichtengeschrei irritieren lassen, am besten, man nehme dieses gar nicht wahr. Und dann wäre vermutlich der Zeitpunkt gekommen, wo eine dritte Gruppe, deutlich genervt über die vermeintlich grassierende digitale Ignoranz, darauf hinweisen würde, dass doch gerade über die sozialen Medien so viel Ergänzendes zu sämtlichen Debatten geliefert werde: »Bei Facebook und Twitter bekommt man die besten Long-Reads, und außerdem so schnell.«

Exkurs zur Beschleunigung: Sie ist, wie gesagt, kein Wert an sich. Während der menschliche Erfindergeist, vom Rad bis zur Druckerpresse, Dampfmaschine und dem von ihr angetriebenen Fließband, die meisten Prozesse von *Produktion* und später auch von *Kommunikation* (Morsen, Telefon, Fax, E-Mail) beschleunigt hat, war bei jenen Strukturen, aus denen Demokratie und Rechtsstaat gebaut wurden, beinahe das Gegenteil der Fall. Beides hat das Leben leichter und fairer gemacht, die Beschleunigung dort, die Verlangsamung hier. Mehrkammersysteme und Kontrollgremien, mehrere Lesungen für neue Gesetze, die Hierarchie juristischer Instanzen, Berufungsmöglichkeiten, Vertagung und Revision *verschwenden* idealerweise die Zeit nicht, sondern *gewinnen* sie, um Argumente zu vertiefen, Entscheidungen zu optimieren und Fehlentscheidungen zurücknehmen zu können. Hier ist sie wieder, die Zeit als Airbag, die ge- und verbrauchte Zeit als Garant für Vernunft und Fairness, die Zeit, die Affekte verdünnt und damit unschädlich macht.

Besonders gilt es für das Recht: Als Kain seinen Bruder Abel erschlägt, aus Kränkung, weil dessen Brandopfer von Gott gnädig angenommen (der Rauch stieg klar und gerade auf), sein eigenes aber zurückgewiesen worden war (das Feuer flackerte und rußte), wird dieser ersten Selbstjustiz sofort ein Riegel vorgeschoben. Anders, als es redensartlich verwendet wird, war das Kainsmal, mit dem Gott den ersten Mörder der Bibelgeschichte markierte, keine Anprangerung, sondern ein Schutzzeichen. Ohne es wäre Kain durch seine Tat zum Freiwild geworden, frei, von jedermann getötet zu werden. Das Kainsmal bedroht nun umgekehrt jeden, der sich am Gekennzeichneten vergreifen wollte, mit »siebenfacher Strafe«. Und die Menschen in der Bibelgeschichte halten sich daran. »Rastlos und ruhelos« muss Kain ab nun über die Erde ziehen, der göttliche Richterspruch hat es erwirkt. Gerade durch sein Beispiel als Ausgestoßener ist er von erzieherischem Wert, daher muss er sichtbar, anwesend, am Leben bleiben.

Der Affekt, eine erlittene Untat zu vergelten, war der erste, der unter Kontrolle gebracht werden musste.

Gruppen, in denen Clanwesen und Blutrache fortbestehen, gelten bis heute als so einschüchternd wie primitiv. Mafia und Stammesgesellschaften entziehen sich dem, was als zivilisatorisches Mindestmaß gilt – dass eben Vergeltung nicht den Geschädigten überlassen, sondern institutionalisiert wird und damit verlangsamt.

Beschleunigt wird Rechtssprechung hingegen durch Schnell- und Standgerichte sowie die Todesstrafe. Das, plus mordende Geheimpolizei und Todesschwadronen, sind die Merkmale von Unrechtsregimes, Instrumente, so überkippend und hysterisch wie die Stimme von Roland Freisler. Sie sind das Gegenteil von Zweifel, Abwägung und Revision, denn ihr grausames Ziel ist die schnell herbeigeführte Unumkehrbarkeit.

In der Digitalmoderne droht nun die allgemeine Beschleunigung auch die bewusst verlangsamten Strukturen mit sich zu reißen. Die Überwältigungsstrategien der Massenkommunikation haben direkte Auswirkungen auf politische Institutionen, Amtsträger und ihre abwägenden Entscheidungen. Äußerungen werden gegen jede Vernunft und gegen die Zeit, die es braucht, sich mit Themen vertraut zu machen, erzwungen. Wenige sind stark genug, sich diesem Druck zu verweigern. Und so müssen Politiker häufig genug ihre voreilig abgesetzten Kommentare, die, der digital-medialen Logik gemäß, oft moralische Schnellurteile sind, zurücknehmen.[9] Spätere Dementis erhalten aber, wie wissenschaftlich x-mal nachgewiesen wurde, immer nur einen Bruchteil der Aufmerksamkeit der vorangegangenen Aufregungen – »Etwas bleibt immer kleben«, auch das ein konstitutives Element der Digitalmoderne[10], die gar nichts mehr vergessen kann.

9 Als eines von vielen möglichen Beispielen möge hier die allgemeine Empörung dienen, die losbrach, nachdem der jüdische Musiker Gil Ofarim auf Instagram ein Video veröffentlichte, wonach er in einem Hotel in Leipzig antisemitisch beleidigt worden sei – man habe ihm gesagt, er könne erst einchecken, wenn er seinen Davidstern abnehme. Am nächsten Tag versammelten sich sechshundert Menschen vor dem Hotel zum Protest. Auf den Bildern der Überwachungskameras in der Hotellobby war der Davidstern jedoch nicht zu sehen. Eine eingehende Untersuchung und Befragung aller Anwesenden konnte Ofarims Anschuldigung nicht stützen, im Gegenteil. Nun läuft eine Klage des betroffenen Hotelmitarbeiters, der wochenlang vom Dienst freigestellt worden war, gegen Ofarim.

10 Möglicherweise ist das wiederentdeckte analoge Festkleben von Klimaschützern auf Straßen eine neue Rückübersetzung zwischen diesen Parallelwelten, die einander inzwischen so eigenartig beeinflussen. Der eigentlich flüchtige digitale Raum kann, auf Einzelne bezogen, so ungemein Festhaftendes hervorbringen. Reziprok will sich der analoge Protestierer, der mit seiner einzelnen schweren Sorge sonst in der Masse untergeht, zumindest ein Mal vor ein echtes Auto kleben – für die »fifteen minutes of fame«, die nach Andy Warhol jedem zustehen.

Jeder, der in einer öffentlichen Position digital aus der Hüfte feuert, muss jedenfalls wissen, welchen enormen Schaden er anrichten kann. Es ist das Gegenteil von Fahren auf Sicht. Zu einer Verhaltensänderung führt das bisher nicht, nicht einmal, wenn man selbst schon Opfer solch einer blitzschnellen und bösartigen Welle wurde. Altehrwürdige Volksparteien, Gewerkschaften, Unternehmen, Politiker, Manager und Funktionäre aus der »Boomer-Generation«, die die neuen Medien so brennend gern für sich nutzbar machen wollen und dabei über missglückte Tweets, Text-Bild-Scheren, geleakte Nachrichten und peinliche Insta-Videos stolpern – dieses Bild kann einem schon manchmal zusammenrinnen mit jenem der indigenen Völker im Zeitalter der Entdeckungen. Erst bekamen sie von den kolonialen Eroberern die bunten Glasperlen geschenkt, dann das nur für sie tödliche Grippevirus: die Panik in ihren Augen, als sie nicht einmal im letalen Fieberwahn die dummen, aber faszinierenden Geschenke loslassen wollten. Die schamesrote Hast, mit der die heutigen Überforderten viel zu spät »Reputation Manager« anstellen oder ihre »digitalen Auftritte« von neuen Experten, die ihre Enkel sein könnten, gestalten lassen. Und die würgende Zeitnot, mit der sie die unmoralischen Angebote der Internetriesen anzunehmen lernen, Inhalte nach vorne rücken, ungewünschte verdrängen, spezielle Usergruppen ansprechen und damit andere Wähler- oder Konsumentengruppen absichtlich links liegen lassen.

Nun hat massenmediale Öffentlichkeit Politiker schon vor der Erfindung der sozialen Medien zu Eile angetrieben und gehofft, sie zur besten Sendezeit zu Unüberlegtheiten zu verführen. Durch Social Media aber tritt die verführerische Illusion hinzu, quasi in Echtzeit die Reaktionen des (Wahl-)Volks beobachten zu können. Geht es eher in Richtung Shit- oder Candystorm? Oder bleibt es halbwegs ruhig? Politik und Medien starren auf die Ausschläge wie die Wirtschaft auf die Börsenkurse, mit dem Unterschied, dass dort ein direkter Zusammenhang zwischen Aktie und Unternehmen besteht. Zugegeben, auch die Börsen unterliegen psychologischen Schwankungen, doch ist hier, zwischen Politik und Twittersphäre, der Zusammenhang noch deutlich metaphysischer – wer sind denn die überhaupt, die hier täglich mit den Fingerspitzen abstimmen? Niemand weiß es ganz genau; aber zu einem nicht unbeträchtlichen Teil sind die Influencer dieselben, die man früher als ehrwürdige Feuilletonistinnen und meinungsstarke Journalisten bezeichnet hätte, die hier aber, als ihre eigenen Avatare, im aufgetunten Aggro-Mode agieren.

Tagespolitik wird inzwischen zu einem beträcht-

lichen Teil über Digitalkanäle vermittelt und bewor-
ben. Politiker treiben dort Themen und Konkurren-
ten ebenso an, wie sie umgekehrt von ihnen getrieben
werden. Manche haben, wie Robert Habeck, die Kon-
sequenz gezogen und Twitter und Facebook verlassen.[11]
Die deutsche Langzeitkanzlerin Angela Merkel hatte
sich Twitter bis zuletzt verweigert, obwohl man sie
drängte und sogar auf einem Testkonto üben ließ. Ihr
Nachfolger Olaf Scholz hielt es für geboten, sogleich
mit einem eigenen Kanzler-Account online zu gehen.
Mit mokantem Lächeln erzählt er auf Nachfrage, noch
nie einen eigenen Tweet abgesetzt zu haben und das
auch in Zukunft nicht vorzuhaben. Die Folgefrage, wofür es dann überhaupt gut sein solle, kann man sich
sparen, weil seine Motivation offensichtlich ist: Er tut
es, weil es erwartet wird und als zeitgemäß gilt, verweigert gleichzeitig aber genau das, was den Spaß an
Twitter ausmacht – die persönliche Handschrift und
das Risiko, vor aller Augen auszurutschen. So schafft
man Anpassung und Verweigerung zugleich. Hierin
fällt amüsanterweise Scholz' analoge mit seiner digita-

11 »Ich glaube einfach nicht, dass Twitter mir hilft, authentisch
und ehrlich zu sprechen. Für andere mag das anders sein,
aber für mich ist es halt so. Und ich werde es nicht nur deswegen weitermachen, weil es heute als Pflicht gilt.«
Interview in der ZEIT vom 9. Januar 2019

len Ausstrahlung zusammen – er wirkt auch auf Twitter nicht »echt«, wie ein Bot wird seine digitale Persona von Mitarbeitern gelenkt. Wenn die mal bloß keinen Fehler machen.

Ein interessantes kleines Experiment bei einschlägigen Berliner Abendgesellschaften ist es, an passender Stelle den Standpunkt zu vertreten, dass sich Twitter nach vier Jahren Donald Trump für Spitzenpolitiker eigentlich erledigt haben müsste, schon aus Distinktionsgründen, so wie sie ja auch nicht in kurzen Hosen und Badelatschen zum Staatsbesuch oder ins Parlament gehen: Immerhin haben Trumps Tweets direkt zur Erstürmung des Kapitols geführt, und der rechtsextreme Matteo Salvini betrieb auf Twitter als italienischer Innenminister monatelang unverhohlene Hetze gegen Flüchtlinge. Als Spitzenpolitiker twittern, das sei im Grunde so ähnlich wie Saalschlachten moralisch zu rechtfertigen: Es schickt sich nicht nur nicht, es widerspricht auch der Würde und Verantwortung des Amtes.

Die Reaktionen sind üblicherweise so emotional wie vorhersehbar. Sie reichen von schockartiger Ungläubigkeit (als hätte man sich unerwartet einen Aluhut aufgesetzt) bis hin zu paternalistischer Herablassung (das heißt, Sie schreiben Ihre Bücher noch mit der Hand?). Und die Gegenargumente sind immer dieselben und wenig befriedigend: Erstens, alle sind drauf, man brächte sich automatisch in Nachteil, denn man würde ja freiwillig die kostenlose Eigenwerbung abschalten – Gruppendruck, zum Gesetz erhoben. Zweitens wird sofort auf die Diktaturen dieser Welt verwiesen, in denen ohne Social Media die Dissidenten doch ganz verloren wären – das Argument, dass die Medizin des einen eventuell Gift für den anderen sein könnte, dringt kaum durch. Drittens, siehe Scholz, sei man zwar dabei, aber doch nur, um die eigenen Artikel/Auftritte/Bücher/Sendungen zu bewerben. Viertens, man schätze die Long-Reads so sehr, die sonst nicht zu bekommen seien. Und fünftens, man müsse sich ja nicht benehmen wie die anderen – wertet aber nicht jeder Gemäßigte das Treiben durch seine Teilnahme auf, ohne es gleichzeitig positiv zu beeinflussen?

Innerhalb weniger Minuten ist man also von der eigentlichen Fragestellung – sollten Spitzenpolitiker auf Twitter sein? – bei der Verteidigung der eigenen Teilnahme gelandet. Und das ist typisch für Gesprächsstrategien, die sich in der Digitalmoderne stärker denn je herausgebildet haben. Alles wird auf das eigene Verhalten bezogen, in jeder Diskussion marschiert das eigene Ich als Hauptzeuge auf. Wer über den Klimawandel zu sprechen beginnt, erntet schon kurz darauf Geständnisse über das Flugverhalten oder den Fleischkonsum seiner Gesprächspartner. Menschen reden seit jeher am liebsten über sich selbst, doch in der Digitalmoderne haben sich die Bewertungsmaßstäbe noch einmal deutlich verschoben. Das Selbst und seine Empfindungen werden zur wichtigsten Bezugsgröße.

Das scheint eine der größten Veränderungen in den letzten Jahren zu sein, stilbildend für so vieles und ein direktes, logisches Resultat genau dieser Technologie, der weltweiten ungefilterten Massenkommunikation: Da alle gleichberechtigt und barrierefrei miteinander sprechen und streiten, sind Ungleichheiten aller Art in Verruf geraten. In einem falsch verstandenen, ungenauen Brei aus »Teilhabe« und »Freiheit« ist vergessen worden, dass es Strukturen und Begrenzungen nicht nur gibt, sondern auch geben muss, ebenso wie unterschiedliche Regeln für unterschiedliche Funktionsträger. Schon aus der höheren Verantwortlichkeit Einzelner entsteht die Notwendigkeit zur Hierarchie. Auch angesichts fehlgegangener, missbrauchter und gewalttätiger Hierarchien bleiben sie als zivilisatorisches Element nötig und richtig.

In ihrer Tübinger Mediendozentur beschrieb die Schriftstellerin und Juristin Juli Zeh diesen Kurzschluss in Hinblick auf die »klassischen« Medien. Sie diagnostizierte einen neuen »Selfie-Journalismus«, der immer vom »Ich« ausgehe, das mit Nachdruck seine »Haltung« präsentiere: »Denn eins haben sämtliche ›Haltungen‹ gemeinsam, die der Selfie-Journalismus entwickelt, ganz egal, ob links, rechts, feministisch, chauvinistisch oder netzaffin: ›Kritisch‹ muss man sein. Kritik ist die Ersatzlegitimation für einen Journalismus, der sich von seinem Ursprungsauftrag, nämlich der Berichterstattung, meilenweit entfernt hat.«

Die Überbetonung von Haltung und Kritik verändert nicht nur den Journalismus. In der Dauerspannung zwischen Individuum und Masse, welche die digitale Kommunikation erschafft, muss sich jedes Ich, das nicht untergehen will, enorm aufblasen. Dafür eignet sich, im körperlosen und meist anonymisierten Medium, besonders gut Moral.

Und daher haben, in einem nächsten Schritt, die sozialen Medien jene Charaktere breitenwirksam (mit-)herausgebildet, die die Soziologen Carolin Amlinger und Oliver Nachtwey als »libertär-autoritär« bezeichnen: Individuen, die sich in krasser Selbstüberhebung als einzig fähige, gewiefte Nutzer betrachten, sich mit ihrem vermeintlichen Wissens- und vor allem Überblicksvorsprung selbst ermächtigen und insofern »autoritär [sind], als sie bei den demokratischen Kontrahenten weder plausible Werte noch nachvollziehbare Interessen – mit denen ja ein Kompromiss denkbar wäre – zu erkennen vermögen«.

Für die Debattenkultur[12] hat all das weitreichende Folgen. Was einen Nerv trifft, ist inzwischen am verlässlichsten daran zu erkennen, dass es einen digitalen Shitstorm erzeugt, dem die herkömmlichen Medien und Foren hinterherhampeln.[13]

Der Shitstorm, oder freundlicher gesagt: eine heftige Meinungsexplosion, geht echten Debatten voraus wie ein paradoxer Tusch. Durch Aufruhr und Geschrei wird oft das, was eine Debatte hätte werden können, schon in ihrer Geburtsstunde massiv in eine extreme Richtung gedrängt. Während der Tusch den Auftritt erst anzukündigen scheint, verwüstet er bereits die Manege. Durch die Geschwindigkeit und das massenhafte Aufheulen wird Debatten die Komplexität so jäh entzogen wie der Sauerstoff bei einem Brand, die ersten Sprengkörper detonieren, tiefe Gräben entstehen zwischen den erschrockenen und schon deswegen empörten Kontrahenten und sie sortieren sich binär entlang von Pro oder Contra. Abwägende, komplexere

12 »Dieses Wort soll wegen schwerster Verwundung im Begriffeabnutzungskrieg hier nur einmal angeführt werden«, schrieb Kurt Kister sehr witzig in der SZ am 18. Februar 2023 – ich versuche, mich daran zu halten: nur einmal!

13 Ob das, was den Nerv trifft, hingegen auch gesellschaftlich relevant ist, wie in der oben skizzierten idealen Debatte, oder vom Relevanten vielmehr ablenkt, wäre noch eine andere Frage.

Meinungen geraten sofort unter die Räder. Der Airbag aus Zeit fehlt auch hier, alles verläuft schnell, unübersichtlich. Zu vieles ist nur Affekt und Reaktion. Aufgeräumt wird – wenn überhaupt – erst später. Dann hören meistens nur noch die entsetzten Experten zu, die Krawallbrüder sind längst weitergezogen. Früher haben Debatten an Fahrt aufgenommen, heute müssten sie, sobald es knallt, abgebremst werden, falls irgendjemand wüsste, wie.

Gut eingeübt ist inzwischen, die jeweilige Gegenseite a priori zu delegitimieren, anstatt sich mit ihren Argumenten auseinanderzusetzen; es sind mit Verve geführte Wegräum-Wettbewerbe. Der Unterschied zwischen Gegner und Feind soll zum Verschwinden gebracht werden, denn sobald einer zum Feind erklärt worden ist, tritt automatisch die moralische Notstandsverordnung in Kraft. Ihr zufolge ist jeder Untergriff erlaubt, denn mit vermeintlichen *Rassisten, Antisemiten, Verschwörungstheoretikern, mit Coronaleugnern, Holocaustverharmlosern oder sexistischen weißen Männern muss man ja wohl wirklich nicht diskutieren.* Die darf man nicht nur, die muss man sogar aburteilen und des Platzes verweisen. Es handelt sich um einen inneren zivilisatorischen Hebel, den man sonst nur im Krieg umlegt: Um den anderen loszuwerden, muss man ihn im Vergleich zu sich selbst als inferior definiert haben. Diese Möglichkeit ist in der menschlichen Natur angelegt,

aber eben mit dem Sinn, eine potenziell tödliche Auseinandersetzung zu überleben.

Die Vorwürfe, mit denen andere der Debatte verwiesen werden, können dabei, der Geschwindigkeit
des Mediums gemäß, sehr schnell wechseln. Das Internet ist auch in dieser Hinsicht Paradies und Pan-
dora-Büchse in einem: Ein riesiges Reservoir an In-
formationsschnipseln liegt klick-bereit und lädt dazu
ein, sich die eigenen »personalisierten« Waffen zu-
sammenzubauen. Auch deshalb hat die harsche persönliche Abwertung in der Debatte, wie eine invasive
Art in der Natur, wie das robuste graue gegenüber dem
zarten roten Eichhörnchen, derart überhandgenom-
men. Das soll nicht heißen, dass in früheren Debatten
nicht ebenfalls mit harten Bandagen gekämpft worden
wäre. Der entscheidende Unterschied liegt, mit einem
frühen Houellebecq-Titel gesagt, wahrscheinlich in
der »Ausweitung der Kampfzone«. Diese ist ja jederzeit möglich. Hätten früher Historiker oder Virologen
in einer fachlichen Auseinandersetzung einander als
Maximalattacke die Kompetenz abgesprochen, so fördert das Netz inzwischen noch jede Menge an Bonus-
Schlamm zutage; das kann die autoritäre Behandlung
von Mitarbeitern sein, ein Plagiatsvorwurf oder eine
unangemeldete Putzhilfe. Wer erst einmal im Zentrum
der Aufmerksamkeit steht, wird zum Rechercheobjekt
Tausender.

Kürzlich lachten Christian Drosten und Karl Lauterbach in einem Interview öffentlich gemeinsam darüber, dass sogar sie schon als »Querdenker« bezeichnet worden seien – dies sollte die schreiende Absurdität vieler Vorwürfe und die Verwechslung aller Bezüge wohl ebenso demonstrieren wie ihrer beider Abhärtung. Man kann es aber auch genau andersherum lesen. Alles ist möglich, es gibt keinen Vorwurf, der nicht gemacht werden könnte und daher gemacht werden wird. Und die demonstrative Unverwundbarkeit der Betroffenen klingt dann verdammt wie das Pfeifen im Wald.

Man sitzt in einer Abendgesellschaft, zitiert das Bonmot eines Philosophen aus einem kleinen europäischen Land, alle lachen, nur der Tischnachbar, der einen gerade noch, obwohl man einander kaum kennt, herzlich zu seiner nächsten Party eingeladen hat, erstarrt, denn er findet dessen Positionen »seit einer Weile überaus problematisch«. Nun räumt man friedliebend ein, nicht alles von jenem Philosophen gelesen zu haben, und empfindet sich selbst dabei ein wenig feige (andererseits wäre das Gegenteil Hochstapelei). Dann aber stellt ein Dritter mit gekräuselter Stirn womöglich die Frage, ob das derselbe sei, der da gerade einen MeToo-Vorwurf an dieser französischen Uni habe? Oder vor Jahren als BDS-Anhänger aufgefallen sei, oder als Rassist? Verschiedenes ist denkbar. In so einer Situation entscheidet jede selbst, ob sie inquisitorisch nach Beweisen fragt oder danach, ob ein Fehltritt schon ein ganzes Lebenswerk erledigt (denn ja, das ist inzwischen oft Konsens). Oder ob sie lieber stillhält mit dem Vorsatz, zu Hause in Ruhe nachzugoogeln, bevor sie hier womöglich den Falschen verteidigt. Und alle wechseln nur zu gern das Thema. Bis dieses düster-opake Adjektiv »problematisch« das nächste Mal fällt.

Jeder Vorteil kann schnell zu seinem eigenen Nachteil werden: Wenn die sozialen Medien mitgeholfen haben, ein paar hartgesottene Machtstrukturen zu schleifen (#MeToo), so zersetzt gleichzeitig eine umfassende digital befeuerte Skepsis das Vertrauen in vieles andere, also auch in akademische, wissenschaftliche und staatliche Institutionen. Demokratiepolitisch ist das mehr als *problematisch,* nämlich gefährlich. In der Coronapandemie wurde das Phänomen der *falschen Gewichtung* (false balance) besonders deutlich; im verständlichen Wunsch, auch andere Ansichten abzubilden, rutschten gelegentlich Aussagen von Scharlatanen in seriöse Berichte, krasse Außenseiterpositionen erhielten zu viel journalistischen Raum. Das unterlief herkömmlichen Medien wohl vor allem deshalb, weil das Virus neu und das Phänomen einer weltweiten Seuche historisch aus dem Blick geraten war. Umgekehrt treten ja weiterhin weder in zeitgeschichtlichen Debatten Holocaustleugner noch in Naturdokus Anhänger der Hohlwelt-Theorie auf. Die Kontrollmechanismen funktionieren also noch. Trotzdem ist unübersehbar, dass das Netz mit seinen Überrumpelungs- und Beschleunigungstalenten die Qualitätssicherung der alten, klassischen Medien unterhöhlt. Die Brandmauern sind aus Gehetztheit niedriger geworden, immer wieder rutschen Hoaxes in Zeitungen und öffentlich-rechtliche Medien. Aber wen interessieren denn eigentlich noch die klassischen Medien, würden hier *digital natives* einwerfen? Darauf müsste man paradox antworten: Stimmt, aber leider ist das Netz, das sie fast ganz ersetzt hat, selbst eine einzige *falsche Gewichtung.*

Der schiere Zugang zu Millionen sinnvollen wie sinnlosen Informationen bewirkt, dass die Linien des Erträglichen ständig enger gezogen und die Verdächtigungen ausgeweitet werden. Die Anzahl von Menschen, die bis vor kurzem noch respektierte Fachleute, Wissenschaftlerinnen oder Intellektuelle waren, neuerdings aber »mit fragwürdigen Thesen aufgefallen« oder sonst wie »umstritten« oder »problematisch« sein sollen, wächst unaufhörlich an. Unter denen, die qua Beruf und Expertise (Politikwissenschaftlerinnen, Virologen, Soziologinnen, Antisemitismusforscher, Kuratorinnen) ihre Köpfe aus der Menge strecken müssen und nicht, weil sie Lust auf das Twitter-Handgemenge haben, scheint es kaum jemanden mehr zu geben, gegen den nicht irgendetwas vorliegt.

Wer den Sturm auf die Autoritäten vorantreibt, ist dabei keineswegs das bloß teilalphabetisierte, auf den sozialen Medien tobende Volk, beinahe im Gegenteil. Es kommt direkt aus der Mitte des Bildungsbürgertums. Die ätzende Skepsis von allen Seiten ist hochansteckend und die Lust auf das Zerstören von »Besserwissern« und verdächtigen »Eliten« eine Art Gesellschaftsspiel geworden – dessen engagierte Mitspieler sind aber selbst Besserwisser und Eliten, die bisher bloß weniger wichtig oder prominent waren. Man staunt, worüber sich intelligente Menschen aus dem eigenen Bekanntenkreis so aufregen können, dass sie davon besessen wirken. Philosophinnen verbeißen sich in die angebliche Gefährlichkeit der Virologin Melanie Brinkmann, bekannte Künstler verschicken regelmäßig Beweise für die Charakterfehler von Christian Drosten. Bestsellerautoren – und damit ist nicht Uwe Tellkamp gemeint, der nur die Spitze eines unheimlichen Eisbergs zu sein scheint – führen per Sammelmail an alle Bekannten Beiträge aus dem Radio als Beleg dafür an, dass die Meinungsdiktatur vor der Tür stehe. Das ist, was Amlinger/Nachtwey wissenschaftlich zu untermauern versuchen: wie ungeheuer viele, vormals politisch mittellagige Zeitgenossen sich inzwischen von allem Möglichen gekränkt und herausgefordert fühlen und deshalb so erstaunlich aggressiv geworden sind, wie sie mit großer Geste ihre eigene Freiheit einfordern, die der anderen missachten und *Meinungsfreiheit* mit *Widerspruchsfreiheit* verwechseln. Und wie sie das, und zwar gar nicht selten, »die politischen Fronten wechseln lässt«.

Die traditionellen Hüter faktenbasierter Orientierung, darunter Akademien, Universitäten und Forschungseinrichtungen, werden jedenfalls gerade im Dutzend abgeräumt, auf leichtsinnige und gnadenlose Weise. Während man noch über den ehemaligen US-Präsidenten Trump lachte, der empfahl, das Coronavirus von innen, mit Drinks aus Putzmitteln, zu bekämpfen, ging man vielleicht schon der eigenen, nationalen Variante eines anderen Irrationalismus auf den Leim, etwa der in Deutschland mit Nachdruck verbreiteten, zwanzig große deutsche Kultur- und Wissenschaftseinrichtungen seien von linken Antisemiten unterwandert.

Das ist eine der bedenklichsten Folgen dieser verwirrenden neuen Zeit. Denn sie führt sozusagen von der anderen Seite her zu demselben Stoßseufzer, der sich seit Beginn der Informationsexplosion vielen überforderten Einzelnen entringt: »Ich weiß einfach nicht mehr, was ich glauben soll.«

Gibt es also noch komplexe Debatten, die der Meinungsbildung und dem Verständnis für die Argumente der anderen Seite dienen? Die den weltanschaulichen Grund, auf dem man gerade so schwankend steht, verbreitern, anstatt einen mittels moralischer Erpressung auf eine von nur zwei Seiten reißen zu wollen? Ja, wahrscheinlich sind sie noch da draußen irgendwo, völlig überwuchert. Die Kraft, Geduld und dicke Haut, die es erfordern würde, um das Wesentliche und intellektuell Nahrhafte aus all dem Lauten, Groben, dem Unsachlichen und absichtlich Falschen hervorzuholen, sind enorm. Die meisten schaffen es, wenn überhaupt, gerade noch bei den eigenen Fach- oder Interessensgebieten. Für den großen Rest an relevanten Themen wird man, sobald der paradoxe Tusch erklingt, sofort vom digitalen Erschöpfungssyndrom ergriffen und wendet sich genervt und überfordert ab. Auch dadurch schafft der neue Überfluss eine ungute Verengung.

VI.

Das digitale Ich und die anderen

*»Wenn ich mal richtig ICH sag / wieviele da wohl
noch mitreden können?!« – Peter Rühmkorf*

Die europäische Geschichte der letzten zweihundert
Jahre ist auch eine der Befreiung des Individuums. Davor waren mit dem Tag der Geburt, von Todesart und
-zeitpunkt abgesehen, die meisten Entscheidungen bereits gefallen; aus dem gesellschaftlichen, beruflichen,
wirtschaftlichen Rang sowie der Religionsgemeinschaft
gab es so gut wie kein Entkommen. Der Sohn eines Bä-
ckers wurde Bäcker, der des Totengräbers Totengräber,
nicht einmal für die überzähligen männlichen Nachkommen in den Herrscherhäusern stand etwas System-
sprengendes zur Verfügung, nur eine Militärkarriere
oder irgendwohin verheiratet zu werden, bestenfalls
an eine Erbin mit Schloss. Für Frauen sowieso nicht;
ob bettelarm oder reich, begabt oder dumm, sie wurden verheiratet, um zu gebären, und dafür brauchte es
viele von ihnen, denn jede Schwangerschaft und Geburt
war lebensgefährlich. Emanzipation und Selbstbestimmung, bürgerliche Freiheiten und eigene Lebensent-
würfe sind geschichtlich gesehen sehr junge Ideen.

Diese Befreiungsschritte haben die Art, wie Gesellschaften funktionieren, immer wieder verändert, destabilisiert, neu und anders gefestigt. Auch für das Individuum hat seine Befreiung keineswegs nur Vorteile. Denn Strukturen mit strengen Regeln geben eine Menge Halt, sie entbinden von Eigenverantwortung. Den Schock und die Überforderung durch eine unbekannte, erst zu bewältigende Freiheit erleben Aussteigerinnen und Aussteiger bis heute, egal, welcher Orthodoxie sie davongelaufen sind, einem Kloster, einer Sekte, einer Kommune oder einer verschworenen Neonazigruppe. Die Probleme, die dem modernen Menschen seine Freiheit bereitet, sind eines der großen Themen der Soziologie. Und es ist nur scheinbar paradox, dass mit der Freiheit auch die Unzufriedenheit wächst. Denn bevor man nicht weiß, was einem fehlt, kann man es weder formulieren noch verlangen, danach aber umso mehr.

Im Jahr 2008 kam der Zeichentrickfilm »WALL-E« in die Kinos. Darin versucht ein einsamer kleiner Müllroboter den von den Menschen verlassenen Planeten Erde aufzuräumen. Die drollige Maschine mit ihren Greifarmen und dem »Gesicht« wie ein Fernglas sichtet, sortiert und rollt wie Sisyphos zwischen Gebirgen aus unbewältigbarem Müll hin und her. Die letzten Menschen haben, bevor sie sich auf eine Raumstation flüchteten, eine Armee solcher Aufräumroboter zurückgelassen;

die Geschichte setzt ein, als nur noch WALL-E funktionsfähig ist, die anderen sind inzwischen selbst Abfall. Diese Kernbotschaft blieb hängen: Wir machen viel zu viel Müll, wir werden daran ersticken. Aber auf einer zweiten Erzählebene wurde hochironisch der Zustand der Menschen aufs Korn genommen, die ihren Heimatplaneten unbewohnbar gemacht, aber überlebt haben. Sie haben ein autarkes Raumschiff konstruiert und es sich darauf behaglich eingerichtet, sind damit jedoch noch einmal Opfer ihrer eigenen, immer etwas zu spät aktivierten Schlauheit geworden. Denn nun sausen sie auf Relaxliegen magnetschwebebahngleich durch eine Art Disneyland, vor sich ein Tablet, auf dem sie ununterbrochen chatten, videotelefonieren, Filme schauen oder einkaufen, dicht an dicht in engen Reihen. Sie haben es verlernt, sich zu bewegen, sie nehmen nur noch ihre Bildschirme wahr. Wenn einer dieser wohligen Moppel aus seinem Liegestuhl fällt, rollt ein Roboter heran und hievt ihn wieder hinein. Ansonsten reichen die Roboter auf Fingerschnippen Burger und Softdrink. Das alles in Bonbonfarben, unterlegt vom zwitschernden Gelächter geistloser Glückseligkeit, eine perfekt durchgetaktete Paradieshölle. Die Einsamkeit des Menschen in der Digitalmoderne ist hier so witzig wie (damals noch) prophetisch eingefangen, als Zuschauer erkennt man den Fluch, dem sie verfallen sind. Sie selbst erkennen ihn nicht. Alles, was ihr Körper braucht, können sie mit

einem Fingertippen bestellen, die Unterhaltungspro-
gramme betäuben ihren Geist. Sie befinden sich weiterhin unter Mitmenschen, aber die Bildschirme haben
sich zwischen sie geschoben, der Kontakt findet vermittelt statt. Warum sollte man ausgerechnet mit dem
Nebenmann auf der Nebenliege sprechen, wenn theoretisch alle anderen – und damit gewiss bessere – in Betracht kommen?

Der Maler Daniel Richter beschrieb es fünfzehn
Jahre später fast genauso: »Der Lebensentwurf, den Be-
zos, Thiel, alle diese Leute für die Menschheit haben, ist
eine extreme Isolation des Individuums. In einer per-
manenten Kommunikation mit der Außenwelt über
digitale Kanäle. Die ideale Vorstellung ist, ich sitz da,
guck Netflix, sag dann ab und zu: Alexa, bestell mir eine
Pizza. Dann kommt ein indischer Typ, der für drei Euro
die Stunde die Pizza bringt. Ab und zu spende ich was
über PayPal, ansonsten warte ich darauf, dass meine Eltern sterben, dann erb ich deren Haus auf Mallorca und
abonnier HBO. Oft bin ich sehr erschöpft, dann flieg ich
ins Yoga Retreat nach Goa, wellnessen.«[14]

Bloß dass in diesen beiden Bildern, bei Richter ebenso
wie im Film »WALL-E«, die Wut fehlt, die wie auf ei-

14 »Ich bin von allen verlassen« – »Zu Recht«,
   Streitgespräch zwischen Daniel Richter und Ulf Poschardt,
   Die Welt vom 15.Februar 2023

ner Zündschnur aus Glasfaser um die Welt läuft. An den brachialen Umgangsformen im Netz haben sich längst auch die analogen angesteckt, die Stimmung ist innerhalb von wenigen Jahren irrationaler, unerbittlicher, in politischen Fragen extremer geworden. Der Medienforscher Bernhard Pörksen nannte es »die große Gereiztheit«. Die Menschen werden übellaunig, weil sie nicht von ihren Geräten lassen können und nicht verstehen, was die Geräte, die Reiz- und Informationsüberflutung mit ihnen machen.

Aber es stimmt auch andersherum: Der Mensch, ein ursprünglich in Gruppen lebendes Säugetier, kann neuerdings mit digitaler Hilfe ein Leben führen, das früher so nicht möglich war, nämlich einsam wie nie zuvor. Seine Geräte simulieren ihm die Gesellschaft, die Freundschaften und sozialen Bindungen, die er in Wirklichkeit längst nicht mehr hat. Ohne diese Simulation würde er es gar nicht ertragen, er müsste wieder herauskommen aus der Einzelhaft der Singlewohnungen und Homeoffices, müsste wieder tanzen gehen, in die Kirche oder in Vereine, so wie früher. Die digitalen Medien verursachen eine Art warmen Entzug; man bemerkt die soziale Entwöhnung nicht gleich, doch hat sie schleichende Folgen. Die digital ermöglichte Vereinzelung oder, umgekehrt gesagt, die körperlose Vernetztheit macht unglücklich und aggressiv, aber wenn die Wirkung einsetzt, könnte es bereits zu spät sein. Wer sich jahrelang mit Netflix, Amazon, dem Pizzaboten und Facebook-Freundschaften versorgt, verlernt das echte, so schwierige Geben und Nehmen in menschlichen Beziehungen, die ganze Nerverei aus Streit, Kompromiss, Großzügigkeit, Berührung und Versöhnung.

Armeen aus neuen, anonymen Einsamen schließen sich immer wieder kurzzeitig und flüchtig zusammen, um zu protestieren. Von diesem Punkt her, einer Einsamkeit, die sich als orchestrierte Wut nach außen zu stülpen vermag, hat Nils Minkmar die französischen Gelbwesten, die Tea-Party-Bewegung in den USA und die Brexit-Befürworter miteinander verglichen:[15] sie alle haben große Effekte erzielt, aber danach war niemand da, der die politischen Folgen administriert hätte. Abgekühlt kehrten die Verursacher in ihre Einzelzellen zurück und hinterließen die Trümmer. Den Brexit mussten Politiker umsetzen, die ihn nicht gewollt hat-

---

15 »Bewegungen, die keine Organisation möchten und auch nicht teilnehmen am politischen Wettbewerb und am parlamentarischen Verfahren, sind ein Kennzeichen der Zeit. Ihnen gemeinsam ist ein sehr spezifischer und stets hasserfüllter Furor. Diesen kulturellen Treibstoff beziehen ihre Mitglieder aus derselben Quelle: stundenlange Solosessions vor den Radikalisierungsfilmen und Chatgruppen der großen digitalen Plattformen, theoretisch vernetzt, faktisch aber ganz allein.« Nils Minkmar: Die Einsamkeit der Querdenker, Süddeutsche Zeitung vom 26. Juli 2021

ten; als sich der damalige französische Premier Édouard Philippe 2018 mit Vertretern der Gelbwesten treffen wollte, kam keiner – die, die erst in ein Gespräch eingewilligt hatten, erhielten Morddrohungen aus den eigenen Reihen. Das aber sind tatsächlich neue politische Phänomene – mächtig aufgrund ihrer theoretischen, der digitalen Reichweite, aber ungeheuer destruktiv, weil sie das, was sie blitzschnell zerstören, nicht wieder, auch nicht anders, aufbauen wollen, sondern einfach gar nicht. Wie Kleinkinder befriedigt sie die Zerstörung, aber nur für einen Moment. Schon im nächsten schauen sie sich wieder suchend um.

Ich (!) möchte argumentieren, dass die Digitalmoderne die größte Herausforderung für die menschliche Ich-Konstruktion darstellt, die es je gab. Ungeheure und entgegengesetzte Kräfte wirken darauf ein, solche, die es aufblähen, solche, die es als bloßen Datenlieferanten in unübersichtlichen Massen verschwinden lassen wollen. Diese Kräfte scheren sich um keine Trennung zwischen digital und analog, denn sie setzen ja am selben Menschen an, der morgens neben seinem Partner aufwacht, mit seinen Kindern frühstückt, seine Katze füttert, seine Arbeit verrichtet und gleichzeitig auch ein (leicht verschobener) Jemand mit Profilbild, personalisiertem Nachrichtenfilter und individuellen Verhaltensweisen in den sozialen Medien ist.

Dort ist sein *eitles Ich* von Anfang an der Adressat der digitalen Konzerne gewesen. Sie pumpen es bis zum Platzen auf. Sie versprechen ihm ein Paradies unbegrenzter Möglichkeiten, ohne dass es sich auch nur von Bett oder Stuhl erheben muss, versprechen, ihm die digitale Welt passgenau auf den Leib, noch besser, auf den Geist zu schneidern. Die Möglichkeiten, die so verwirrend und einschüchternd sind, wollen sie ihm schon im nächsten Dienstleistungsschritt bändigen; ein Personalisierungsprogramm werde alles nach seinen Wünschen filtern – man soll sich die Welt zurechtmachen können, wie man sie braucht, die Waren, die Nachrichten, das, was man überhaupt von ihr wissen will. Dass die Werbealgorithmen im Netz lange erstaunlich dumm waren, ist dabei schon oft bemerkt worden – hatte man ein Paar cognacbraune Schnürschuhe gekauft, wurden einem enervierend lange ähnliche Modelle angeboten.

Nur vom Ich (und nicht von der Wirtschaft oder der Umwelt!) ausgehend, lässt sich für das Internetshopping derzeit keine gültige Bilanz ziehen: Während es für solche, die wissen, was sie wollen, möglicherweise leichter geworden ist, in der Masse von Möglichkeiten genau das Richtige zu finden, sind unzählige andere dem Überangebot und den aufdringlichen Schnäppchen zum Opfer gefallen, haben ihre Kreditkarten überzogen und durch enthemmtes Bestellen und Zurückschicken den Müllberg und ihren ökologischen Fußabdruck vergrößert.

Das Auskommen mit den Mitmenschen und Zeitgenossen hingegen wurde dem Ich aber wohl auch deshalb schwerer, weil es plötzlich – narzisstische Kränkung – mit so viel mehr von ihnen zu tun hat. Das *eitle Ich* kommt darüber am besten hinweg, indem es sich diese Milliarden als mögliches eigenes Publikum vorstellt.

Überdies versprechen die Digitalkonzerne ihm sehr vieles, das einander widerspricht und sich in Wahrheit ausschließt, Prominenz und Anonymität, Teilhabe für alle, Sicherheit vor allem. Die Rollen, die man als Akteur in der digitalen Parallelwelt annehmen kann, sind gewiss so unterschiedlich wie im »richtigen« Leben, man kann sich exhibitionieren oder camouflieren, man kann sich wie ein Lemming von der Masse mitreißen lassen – nicht alle, aber viele dieser Rollen tragen wie ein Lottoschein das Potenzial zum großen Gewinn in sich, der aber ebenso einen maximalen Zugewinn aus Feinden bedeuten kann. Aus der Tierpflegerin von nebenan, die einen Emu zähmt, kann ebenso ein Weltstar auf Instagram werden wie aus dem einzelgängerischen Querulanten vom Dorfrand, der sich »Drachenlord« nennt, der laut Medien »meistgehasste« (und tatsächlich brutal verfolgte) Mann Deutschlands, jemand, der inzwischen Schwierigkeiten hat, für mehr als eine Nacht ein Hotelzimmer zu bekommen.

Dass die sozialen Medien Freundschaften und zwischenmenschliche Beziehungen kapitalisiert haben, ist ein alter Hut. Sie wurden zu keinem anderen Zweck erfunden; es sind Gelddruckmaschinen, ihre Erfinder und Besitzer wie Mark Zuckerberg sind skrupellose Goldgräber. Unter dem Vorwand, die vielbeschäftigten Menschen trotz ihrer übervollen Terminkalender mit ihren Freunden, Bekannten und Familienmitgliedern in steter Verbindung zu halten, werden die Nutzer durchleuchtet und im größtmöglichen Stil ihrer Daten beraubt. Die EU-Datenschutz-Grundverordnung war hier ein enormer politischer Schritt, wahrscheinlich mit das Wichtigste und Folgenreichste, was der EU zum Schutz ihrer Bürger je gelungen ist. Man kann es sich auch egal sein lassen, in der Hoffnung, dass die Folgen erst die Enkelgeneration treffen oder von dieser abgewendet werden. Aber nicht mehr verleugnen lassen sich die gesellschaftlichen Auswirkungen. Vieles, was Digitalien bis jetzt hervorgebracht hat, ist genauso binär wie sein Quellcode – ist das magisch oder logisch? Besonders zwei extreme Eigenschaften des *eitlen Ichs* werden gefördert: Selbstüberschätzung und eine übertriebene Ängstlichkeit, die merkwürdigerweise oft lustvoll zur Schau gestellt wird. Nicht selten fallen diese beiden auch in eins; etwa, wenn sich ältere weiße Männer, die ihr Leben lang zur Meinungselite gehört haben und, im Gegensatz zu gleichaltrigen Frauen, stets mit der korrekten Geschlechtsendung angesprochen wurden, über den »Zwang zur Gendersprache« beklagen und aus diesem zwanglos den Untergang des Abendlands konstruieren.

Parallel zum Siegeszug der sozialen Medien verlief der Aufstieg der sogenannten Identitätspolitik. In ihren karikaturhaften Ausprägungen ist sie der perfekte Ausdruck dessen, wozu die Technologie den Menschen umgemodelt hat. Auch viele der erklärten Gegner der Identitätspolitik benehmen sich inzwischen genau wie Identitätspolitiker, indem sie auf ihre individuellen Kränkungen verweisen, ihr *eitles Ich* absolut setzen und mit ihm als Pfund in der öffentlichen Arena wuchern.

Das Karikaturhafte könnte auch daher kommen: Digitale Existenz spielt sich zwischen zwei ziemlich unverbundenen Extremen ab. Man ist physisch allein, und man ist digital mit und zwischen allen, ohne genau zu wissen, wer und wie viele das sind. Anders als in Menschenmengen kann man sich nicht gut verständigen, nicht durch Beobachtung oder Blickkontakte, das Verhalten der anderen ist kaum vorauszuberechnen; *da* ist man vor allem dann, wenn man mitmacht, wenn man mit der Menge geht und sie verstärkt. Aber auch dann *sieht* man keinen Einzelnen, sondern vor allem die Menge wie von oben. Die Anonymität und die Körperlosigkeit machen die Teilnahme so leicht, und oft so unmenschlich.

Zu den Voraussetzungen eines geglückten Soziallebens gehört, sich selbst auch von außen zu sehen, die eigene Wirkung auf andere wahrzunehmen und sein Verhalten je nach Situation anzupassen. Dazu gehört, in verschiedenen Situationen verschieden zu agieren; der Mensch spielt jeden Tag viele fein kalibrierte »Rollen«, verhält sich als Mutter oder Onkel anders als als Tochter oder Bruder, als Chefin oder Lehrer anders als als Freundin oder Nachbar, als Fremder anders als als Einheimischer. Diese Rollen, präzise begleitet von Mimik und Gestik, sind soziale Schmiermittel, mit ihrer Hilfe passen sich Menschen blitzschnell aneinander und an die jeweilige Situation an. Wer das als Erwachsener nicht hinkriegt und sich überall gleich verhält, wirkt im besten Fall kindlich-naiv, im schlechteren gestört.

Der Philosoph Robert Pfaller hat darauf hingewiesen, dass verschiedene Rollen überdies der Höflichkeit dienen; um die anderen nicht mit den möglicherweise peinlichen Abgründen seiner Privatheit zu belästigen, verbirgt man sich außerhalb der eigenen vier Wände hinter einer distanzierteren Außenrolle, die sich tragen lässt wie Überkleidung und Diskretionsabstände schafft. Wenn man eine Skala zeichnen wollte für die mögliche Bandbreite solcher Soziale-Distanz-Rollen, würde man an deren Perfektionsende wohl die kürzlich verstorbene britische Königin Elizabeth II. setzen, die nie einen öffentlichen Blick auf ihr wahres Selbst oder ihren seelischen Zustand zuließ; ans andere Ende dagegen ein Kleinkind, das sich an der Supermarktkasse tobend und spuckend auf den Bauch wirft.

Rollen und Verhüllungen sind in Verdacht geraten, denn ein hohles neues Zauberwort lautet »Authentizität«. Die Aufmerksamkeit der digitalisierten Menschheit richtet sich zunehmend nach innen, möglicherweise auch, weil sich das riesige und volatile Daten-Außen so schwer fassen lässt. Also wird der Kern des eigenen Ichs beforscht; in einer Art Do-it-yourself-Psychoanalyse hundert Jahre nach ihrer Erfindung werden die erlittenen Kränkungen zu seinen wichtigsten und unverrückbaren Merkmalen stilisiert. Um dieses gekränkte Ich zu heilen, darf es offenbar nicht mehr höflich kostümiert, sondern muss in seiner möglichst puren Leidensform ausgestellt werden; so als ob ein Kostüm bloß für Scham und Verleugnung stehen könnte und nicht ebenso für Kreativität, Unabhängigkeit, Geheimnis.

Und auch hier wird, wie bei den Debatten, Komplexität in einem atemberaubenden Ausmaß zerstört: Wie verarmt erscheinen plötzlich die Möglichkeiten des menschlichen Ichs, wie begrenzt seine Freiheiten, wenn all die möglichen Rollen und verschiedenen Situationen wegfallen und der Mensch nicht mehr üben darf, ein anderer zu sein? Wenn jeder sich nur ein

Schlagwort sucht oder, schlimmer, wenn ihm eins über-
gestülpt wird, das ihm ab nun als Ausweis dienen soll?

Da dank der digitalen Massenkommunikation Kon-
textgrenzen einfach niedergemäht und ganz verschiedene Themen in einem Banalkochtopf zusammenge-
rührt werden, stolpern die Moralsucher als Nächstes in
die Frage hinein, was dann im konkreten professionel-
len Rollenspiel, also der Schauspielerei, überhaupt noch
statthaft sei. Sich als Weißer mit dunkler Schminke zu
bemalen, jedenfalls nicht. Aber es gibt ja noch viele andere Identitätskriterien als die Hautfarbe. Bizarre gesellschaftliche Ungleichzeitigkeiten sind zu besichtigen:
Während homosexuelle und lesbische Schauspielerinnen und Schauspieler vor einiger Zeit in Deutschland
öffentlich kritisierten, dass ein Outing in ihrer Bran-
che *noch immer* karriereschädlich sei, weil Produzenten
und Regisseure sie dann nicht mehr als »klassische«,
also heterosexuelle Liebhaberinnen und Liebhaber be-
setzen zu können glaubten, werden an anderen Stellen
klassische Einteilungsmerkmale mit großer Geste über-
schritten, um zu zeigen, um wie viel moderner und di-
verser die Welt angeblich geworden ist. Frauen spielen
schon seit längerer Zeit Männerrollen (1999 war Angela
Winkler als Hamlet noch ein Ereignis), und People of
Color spielen, natürlich ohne Schminke, Weiße, in der
Netflix-Serie »Bridgerton« etwa englische Hofdamen
im frühen 19. Jahrhundert. Dieses sogenannte »far-

benblinde Casting« (ein ebenso paradoxer Begriff wie »Jungfrauengeburt« oder »soziale Medien«) wurde zu Recht als unhistorisch kritisiert, denn es gaukelt heutigen Zuschauern eine Gleichberechtigung vor, die es damals wahrlich nicht gab. Doch es ist eine Sache, einer historischen Fiktion ein ahistorisches, dafür zeitgemäßes Aussehen und damit dem Thema Diversität auf originelle Weise Sichtbarkeit zu geben, aber eine ganze andere, private Eigenschaften von Schauspielern wie etwa Homosexualität oder (fehlendes) Judentum damit zu vermengen, was sie in ihrem erlernten Beruf spielen sollen, können oder dürfen.

Das goldene Kalb Authentizität wird deshalb so angebetet, weil es unerreichbar geworden ist. Bei Facebook, TikTok, Snapchat oder Instagram gibt es keine spontanen Gesten oder Blicke, stattdessen Fotos, die mit Filtern bearbeitet, und Filme, die aufwendig gestaltet wurden. Das ist, was das *eitle Ich* von sich, sorgfältig kuratiert, beisteuert. Auf der anderen Seite eignet sich die unterhaltungssüchtige Masse vieles gnadenlos an, am liebsten rohes, zufälliges und unfreiwilliges Material. Die Masse bestiehlt das Individuum. Das »Recht am eigenen Bild« wird unzählige Male beschädigt; nicht nur, wenn Schaulustige Unfälle oder Eltern die Missgeschicke ihrer Kleinkinder filmen und ins Netz stellen. Auch seriöse Zeitungen erlauben sich bei ihren Online-»Auftritten«, deutlich weniger seriös

als in der Papierform zu agieren, indem sie etwa sogenannte »sprechende« Fotos mit boshaften Schlagzeilen
kombinieren.[16] Und da reden wir noch nicht von Ma-
nipulationen oder Deepfakes; einem Bericht der New
York Times zufolge wurden in den USA schon Hunderttausende Frauen zum Opfer, indem man ihre Gesichter
und Bewegungen täuschend echt in Pornos montierte.
Selbst eine Rolle zu wählen, wird also schwieriger. Andere in eine zu pressen, dagegen viel leichter. Die einzige akklamierte Rolle ist die, die nicht so heißen darf:
Sie kommt als vermeintlich authentisches, diskrimi-
niertes und gekränktes Ich daher. Deshalb wird sie so
vehement verteidigt: damit ihr Rollencharakter nicht
offenbar wird. Man kommt überein, einander nur noch
die Kränkungen und Zurücksetzungen zu glauben, und
hält sie vor sich wie Schutzschilde.

Das oben beschriebene reich ausdifferenzierte System
menschlichen Sozialverhaltens ist jedenfalls obsolet, da
es Medien übertragen wurde, die genau an dieser Stelle
spektakulär versagen.

Durch die Anonymität wären zwar komplexe Rollen-
spiele online möglich, aber es zeigt sich, dass sie, vom
Gaming abgesehen, genau deshalb offenbar nicht mehr

16 Siehe etwa: https://www.faz.net/aktuell/feuilleton/fall-menasse-
psychopathologe-15975310.html

nötig sind. Im Gegenteil stellt man digital viel unge-
hemmter seine Affekte zur Schau. In der Hitze der Ge-
fechte zerläuft Authentizität zur »Ehrlichkeit«, und die
Grenzen zur Unverschämtheit werden fließend.

Die Möglichkeiten, das eigene *eitle Ich* mit Individualität auszustatten, sind bisher trotz aller Technik unter-
entwickelt. Zum Abbremsen von Missverständnissen,
die sonst etwa durch Ironie entstünden, wurden bisher
nur Kürzel und Emojis eingeführt. Eines der ganz wenigen primären Unterscheidungsmerkmale ist nur noch
der Grad des digitalen Suchtverhaltens. In jeder Chat-
gruppe gibt es welche, die fast immer online sind und
alles als Erste lesen, und es gibt die paar Geheimnisvol-
len, Unbeugsamen, die Lesebestätigungen grundsätzlich ausgeschaltet haben. Aber das für das Renommee
einträglichste Merkmal ist die (sprachliche) Schlagfertigkeit und Angriffslust. Begabte Vermittler, Kompro-
missfinder und Friedensstifter werden in den sozialen
Medien nicht ausgezeichnet, ebenso wenig die Detail-
versessenen, die alles viel zu lang begründen.

Das Ich ist hier also einerseits nackter und gleichzeitig unerreichbarer als in der Realität; man kann nur aus
dessen Selbstaussagen auf seinen Kern schließen. Diese
Selbstaussagen geraten leicht exhibitionistisch, davon
lenkt wiederum Anklage ab – ich zeige meine Wunde,
hänge sie aber im selben Schritt einem Schuldigen an.
Außerdem trifft dieses reduzierte, seiner Komplexität

entkleidete Digital-Ich ja nicht wirklich auf andere Ichs, sondern nur auf deren Schatten und zeitversetzte Spuren; sein Gegenüber ist eine gestaltlose Masse von unzählbar vielen, der sich im größten anzunehmenden Glücksfall ein Schwall Herzchen oder hochgereckter Daumen entringt.

In der Coronapandemie gab es ein Video, in dem Menschen, eingesperrt in große weiche Kugeln aus durchsichtigem Kunststoff, an einem Popkonzert teilnahmen. Jeder für sich, in seiner jeweils eigenen, isolierten Atemluft, konnten sie trotzdem singen, hüpfen, tanzen und auf distanzierte Weise zusammen sein. Die in ihre transparenten Blasen verpackten Menschen sahen aus wie übergeschnappte Aliens, es war traurig und lustig zugleich, es beschrieb den Verlust und seine phantasievolle Überwindung gleichzeitig. Aber nicht einmal dieses Bild von modernen Monaden taugt auch nur annähernd zur Beschreibung von digitalem Ich-Gefühl, denn auch dies war noch viel zu echt; sie lachten, schwitzen und tobten herum. Sie schienen eher verletzlich als bedrohlich.

In Digitalien aber sieht man von den anderen nicht einmal dieses verballhornte bisschen, keine menschlichen Umrisse hinter Plastik, man bekommt nur Reaktionen ab, ohne Hinweise auf ihre Ursachen, ohne Gesichtsausdruck oder Empfindung für die Laune oder die Verletzung des anderen. Qua »soziale Medien« tappt man im sozialen Dunklen, spitze Pfeile aus Sprache oder Bildern fliegen umher. Damit sie treffen, müssen sie vom Persönlichsten kommen und/oder aufs Persönlichste zielen, sonst sind sie wirkungslos, sind *verpulvert,* wie man früher sagte. Manchmal denke ich, das digitale Ich, obwohl so deutlich mit den Maßen, Stundenplänen und Gesundheitsdaten, den Ausdrucks-, Kreativitäts- und Konsumeigenschaften eines bestimmten Individuums verknüpft, müsste die Menschen eines Tages an ihrer eigentlichen, der körperlichen Gestalt zweifeln lassen, und manche würden dann beginnen, sich selbst erst überall zu kneifen, dann ihre Personalausweise suchen und, diese hysterisch schwenkend, ins Freie rennen, schreien, weinen und hoffen, dass jemand, der Körper, Gesicht und Stimme hat, irgendwie auf sie reagiert.

VII.

Angst und Anonymität,
Masse und Moral

»Es ist Zeit, sich von moralischen
Allmachtsphantasien zu verabschieden«
– Hans Magnus Enzensberger, 1993

Die digitale Welt feiert sich für ihre Freiheit, obwohl die digitalen Großkonzerne die mächtigsten Kartelle der Geschichte geschaffen haben; vordergründig bleibt den Nutzern fast alles erlaubt, um sie davon abzulenken, wie sehr sie an deren Strippen hängen. Etwas, das das Leben von so vielen Menschen gleichzeitig umgekrempelt und verändert hat wie nichts anderes zuvor, wird behandelt wie ein Kinderspielzeug.

Das ist nur unter der falschen Prämisse möglich, dass es weiterhin um gar nichts geht.[17] Dabei werden Wahrheit und Realität gerade in einem unvorstellbaren Ausmaß angegriffen und unterspült.[18] Und der Rechtsstaat,

---

17 Die Juristin Elisa Hoven schreibt: »Beleidigungen im Internet sind nicht länger die private Angelegenheit des einzelnen, sondern stellen eine Bedrohung für den freien öffentlichen Meinungsaustausch dar.«

18 Der Schriftsteller Max Scharnigg am 31. März in der Süddeutschen Zeitung über von KI erstellte, nur scheinbar echte

man muss es so deutlich sagen, ist in weiten Teilen des Netzes wirkungslos; die organisierte globalisierte Kriminalität hat paradiesische Vertriebs- und Verschleierungssysteme erhalten. Unter Privatpersonen sind Hass, Mobbing und digitales Stalking zur akzeptierten Umgangsform geworden, aus dem Netz greift diese Form auf die echte Welt über; die einen treibt es in apokalyptischen Kulturpessimismus, die anderen zucken selbstbewusst-zynisch die Schultern, Verbesserungs- oder Veränderungsvorschläge bleiben rar gesät.

Das Risiko für Hater ist gering, die Anonymität schützt sie. Wer auf der Autobahn wendet oder die rote Ampel missachtet, setzt sein eigenes Leben aufs Spiel. Digital hingegen benehmen sich die Menschen wie beim Autoscooter, jeder rumst am liebsten effektvoll die anderen an. Während ein echter Autoscooter etwas Spielerisches hat, wird die Unschuld hier durch das Ausmaß vernichtet. Wo Massen aufeinanderrasen, verfliegt die Gemütlichkeit eines Nachmittags auf dem Rummelplatz.

Fotos, die geeignet sind, in noch viel größerem Ausmaß
gesellschaftliche Panik und Verwirrung zu erzeugen: »Früher
brauchten Hetzer wenigstens noch willfährige Helfer, die derlei
Geschmier zu Papier bringen konnten. Für Propaganda jeder
Art sind die neuen Deep Fakes, die mit ein paar Befehlen erstellt
werden können, ein Geschenk mit ungeheurer Sprengkraft.
Bild dir meine Meinung!«

Sobald man aber auf einzelne Themen fokussiert, ergibt sich ein anderes, weniger energetisches, geradezu einschläferndes Bild. Eins von vielen Beispielen könnte eine Twitter-Langzeitbeobachtung der üblichen (deutschen) Verdächtigen in der Nahost- und Antisemitismus-Debatte sein. Unermüdlich und unversöhnlich beharken sie einander, triumphierend, sarkastisch und herablassend, jeden Tag aufs Neue, und erinnern dabei an diese hypnotisierenden Glücksspielautomaten, die es wahrscheinlich auch nicht mehr gibt: Man warf oben Münzen ein und schaute metallenen Rechen zu, die auf mehreren Ebenen einer gläsernen Treppe Münzhaufen vor sich her, in Richtung Kante, schoben. Denn irgendwann, leider nie dann, wenn man gerade zusah, würde sich ein Geldsegen lösen wie eine Lawine und nach unten ins Ausgabefach fallen. Aber während man zuschaute, purzelten immer nur ein paar einzelne Münzen langweilig von hier nach dort. So auf Twitter: täglich die gleichen Bewegungen, immer mit einem ähnlichen Kraftaufwand ausgeführt, der erst engagiert wirkt, dann routiniert, schließlich mechanisch. Täglich die gleichen Münzen, die erst wie ein schimmerndes Vermögen aussehen, schließlich wie Falschgeld und Talmi.

Die Voraussetzungen dafür, dass auf den digital-sozialen Marktplätzen Regeln einerseits nicht möglich, andererseits auch nicht wichtig erscheinen, sind – zusätzlich zur absoluten, weil zeitlichen und räumlichen Grenzenlosigkeit: Körperlosigkeit und Anonymität.[19] Sie erfüllen ewige menschliche Allmachtsphantasien. Unsichtbarkeit fasziniert die Menschheit schon immer, sie spielt in vielen Märchen und Sagen eine Rolle, Unsichtbarkeitstränke, Verwandlungen, Zaubermäntel oder auch der als Redensart getarnte Wunsch: »Da wäre ich gern Mäuschen gewesen.«

Aber anders als etwa Zeus auf seinen frivolen Begattungsreisen oder Harry Potter auf der Flucht vor dem Bösen will auf dem digitalen Tummelplatz ja niemand deshalb eine Verwandlung oder einen Tarnumhang, um unbemerkt durchzukommen. Kaum jemand will bloß ein lauschendes Mäuschen, die meisten wollen mitmischende Drachen sein, allerdings mit Mäuschen-Privilegien. Unbemerktheit ist nicht das Ziel, nur Ungestraftheit. Doch hat es einen ethischen Sinn, dass die beiden üblicherweise zusammenhängen.

Die virtuelle Anonymität ist nun einerseits die

---

19 Jaron Lanier präzisiert hier mit dem Begriff der »beiläufigen Anonymität«: »Wer spontan ein Pseudonym erfinden und darunter einen Kommentar an einen Blog oder an YouTube schicken kann, verhält sich oft erstaunlich gemein. [...] Aus diesen Daten könnte man den Schluss ziehen, nicht Anonymität als solche, sondern beiläufige Anonymität, gepaart mit Folgenlosigkeit, brächte das idiotische Online-Verhalten hervor.«

Grundlage aller Bedrohlichkeit und Enthemmung und gleichzeitig wieder so typisch paradox. Sie soll ja die wahre Identität im »echten Leben« verschleiern, die Rückführbarkeit des starken, polemischen und wilden Avatars auf die echte Person verhindern. Dabei wäre die Anonymität in den meisten Fällen ziemlich leicht zu enttarnen, wiederum mit digitalen Werkzeugen. Digitale Techniken bieten die besten Ausforschungs- und Überwachungsmöglichkeiten, die es je gab. Der Stoßseufzer, was die neuen Werkzeuge in den Händen der Nazis oder der Stasi vermocht hätten, wird immer wieder ausgestoßen und ist erstaunlich blind für die logische Folgerung, dass der Missbrauch auch heute in großem Stil betrieben wird, nur derzeit vorwiegend nicht gegen uns.[20]

Aber ganz abgesehen von staatlichen oder geheimdienstlichen Methoden – obwohl sie, Stichwort russische Trollfabriken oder der Schlachtruf »Flood the zone with shit!« des ehemaligen Trump-Strategen Steve Bannon, für das Gesamtbild der digitalen Verwirrung eine enorme Rolle spielen –, würde ja genügen, wozu

---

20 Ausreichend bekannt und dokumentiert sind die Fälle Cambridge Analytica, Pegasus Spyware sowie die jüngsten Enthüllungen um die israelische Hackerfirma »Team Jorge«, die in etlichen Ländern vor allem Afrikas Politiker und Wahlen manipulierte.

sich Menschen von kapitalistischen Megaplayern in ihrer Freizeit gedankenlos und freiwillig verführen lassen.

Mit einer Volksversammlung auf der Agora oder dem Forum Romanum haben die sozialen Medien zweifellos sehr viel weniger gemeinsam als mit den ebenfalls in der Antike erfundenen Tierhetzen, Exekutionen und Gladiatorenspielen, bei denen Hunderttausende Menschen und Millionen Tiere starben, zum Amüsement von noch viel größeren Massen. Denn es geht um das Ziel: Die antike Volksversammlung war nicht nur dazu da, den Austausch der Argumente und Interessensausgleich zu fördern, sondern um im zweiten Schritt Verständigung und Kompromiss zu erreichen. Alles vorangehende Für und Wider diente dazu, am Ende die bestmögliche oder mehrheitlich unterstützte Entscheidung für ein Kollektiv zu finden. Die Tierhetzen und öffentlichen Exekutionen dagegen dienten allein der Triebabfuhr; sie kanalisierten zu allen Zeiten die Unzufriedenheit der Massen, weg von den Herrschenden; und so lenken sie bis heute oft hinterrücks um auf zufällige, entbehrliche Opfer.

Dass das eigene Mitwirken an manchen kollektiven Enthemmungen nicht ganz sauber ist, spüren die meisten Teilnehmer. Möglicherweise winkt auch hier Papa Freud wieder unauffällig aus den Kulissen: Denn in den sozialen Netzwerken war doch von Anfang an, wie zum Ausgleich für das atavistische Toben, ein deutlicher Zug ins Moralisierende zu vernehmen. Davon später mehr.

So ungebremst und sorglos, so offenherzig und daten-
verschenkend die meisten Menschen in der Digitalität
agieren, haben sie gleichzeitig durchaus ein Gefühl für
die bedrohlichen Aspekte entwickelt. Ich weiß nicht,
ob es ein weiteres digitales Paradox oder vielmehr ganz
natürlich ist – Enthemmung wie Paranoia wachsen
gleichermaßen an. Die Horrorvision vom »gläsernen
Menschen« ist ja theoretisch schon erreicht, ohne dass
durchschnittliche Nutzer über besondere Fähigkeiten,
etwa des Hackens, verfügen müssen, und auch ohne
dass, durch Zufall oder Absicht, eigene sensible Daten
in die Öffentlichkeit geraten. »Normale« Gruppen-
dynamiken zusammen mit dem Joker exponentieller
Verbreitungsmöglichkeiten genügen; und es muss sich
keiner an den sozialen Medien beteiligen, um durch
die »alten« Medien vermittelt oft genug mitbekommen
zu haben, wie Einzelne an den Pranger gestellt wurden, wie Diskussionen völlig entgleisten und am Ende
niemand mehr genau sagen konnte, ob die harten Ur-
teile im Einzelfall auch wirklich gerechtfertigt waren,
die ab nun für immer ergoogelbar und in den Clouds
gespeichert »kleben blieben«. Oder wie man hier dif-
ferenzieren könnte.[21]

---

21 Zwei Beispiele: Weder war die ganze Kunstausstellung *documenta 15* eine durch Antisemitismus diskreditierte Veranstal-
   tung, wie viele Menschen, besonders Journalisten, seither

Nun ist, von Pop- oder Filmstars, dem Papst, einzelnen Royals und ganz wenigen Politikern abgesehen, fast niemand für alle anderen besonders interessant; und von niemandem, nicht einmal vom notorischen »Drachenlord«, bei dem maximale Durchschnittlichkeit mit maximaler (deutscher) Netzberühmtheit auf ungewöhnliche Weise zusammenfallen, liegen alle Informationen, Fehltritte und Peinlichkeiten digital umfassend vor. Aber umgekehrt wird ein Schuh daraus: Sehr vieles *könnte* über jeden von uns mit Leichtigkeit in Erfahrung gebracht werden. Jeder weiß für sich

---

meinen – obwohl jedenfalls die beiden Karikaturen auf dem Wandteppich von Taring Padi klar antisemitisch aussahen. Die juristische Einordnung zwischen Kunstfreiheit und möglichen antisemitischen Kontexten, welche in Deutschland aus guten historischen Gründen besonders kritisch gesehen werden, ist enorm komplex, viel zu komplex für die öffentliche und besonders die digitale Debatte, da sie vor allem Extreme kennt. Und genauso wenig kann man wohl einfach behaupten, dass die zweiundfünfzig Schauspieler und Schauspielerinnen, die an der satirischen Youtube-Aktion »#AllesDichtMachen« teilnahmen, allesamt Verschwörungstheoretiker und Coronaleugner seien, wie die massenmediale Sofort-Reaktion der ersten aufgebrachten Tage dezidiert feststellen wollte. Wer damals daran, egal mit welcher Botschaft und mit welchem Video, teilgenommen hat, weiß ab nun, dass das zu irgendeinem späteren Anlass immer wieder neu hervorgekramt und ihm oder ihr als angeblicher Sündenfall vorgehalten werden könnte. Was bleibt, sind (in den meisten Fällen) übertriebene Schandmarker.

doch genau, wofür er sich zu schämen hat, kennt die eigenen Geheimnisse – Menschen mit halbwegs intaktem Moralkompass schämen sich üblicherweise für zu vieles und fürchten sich dementsprechend mehr als notwendig vor Enttarnung. Nur Psychopathen schämen sich für nichts.

Die diffuse Ängstlichkeit, die die digitalisierte Gesellschaft durchzieht, ist daher keine Überraschung. Ohne Anspruch auf Empirie beobachte ich in meiner erweiterten Umgebung, dass die »Generation Golf«, der ich angehöre, also die Geburtsjahrgänge 1965 bis etwa 1978, damit halbwegs gut zurechtkommt. Diese Generation hat die sozialen Medien gerade noch gut zu bedienen gelernt, verspürt gleichzeitig aber auch eine leichte Verachtung gegen vieles davon, weil sie sich noch an die Welt davor erinnern kann. Ältere und deutlich Ältere haben oft irrationale Ängste schon gegenüber Computern an sich. Gleichzeitig gehen sie Fakes, Phishing und Co. besonders leicht auf den Leim; in der Altersgruppe meiner Mutter vertraut man immer noch kindlich allen WhatsApp-Kettenbriefen, besonders denen mit den schrillen Warnungen vor neuen Computerviren, und leitet alles weiter, Tiervideos ebenso wie Desinformationskampagnen von Russia Today. Bis hierher ist das so weit verständlich.

Auffällig sind aber die großen Ängste der Generation nach meiner, die man wahlweise MTV-Generation oder

Generation Praktikum nennt, Geburtsjahrgänge also ab etwa 1980. Sie sind von Anfang an viel klimabesorgter, als wir es leider waren, sie trennen sorgfältiger den Müll, sie nehmen selbstverständlich Rücksicht auf sämtliche Minderheiten, sind sich ihrer Privilegien bewusst und integrieren fließend alle neuen Sprachregelungen. Sie sind stille Zen-Meister eines neuen, sanften und bestimmt gesellschaftsförderlichen Wohlverhaltens. Doch sind sie auch enormen Ängsten vor Shitstorms und digitaler Diffamierung ausgesetzt. Ihre Ängste, sagen sie selbst, seien nicht irrational, sondern speisten sich aus Erfahrung. Denn sie kennen die Twitter-Groß- und -Mittelmächte, die bedeutendsten Instagramer und Meinungsführer aller Plattformen, auf denen sie »unterwegs« sind. Sie können andere nicht dringlich genug vor Fehlverhalten oder besser: vor missverständlichem Verhalten warnen. »Wenn zehn von denen twittern, dass die NGO Soundso transphob/antisemitisch/rassistisch ist, dann haben wir wirklich ein Problem« – solche Sätze sagen sie, und manchmal auch: »Die können uns fertigmachen.« Wenn man dann antwortet: »Aber die NGO Soundso ist doch nachweislich *nicht* transphob/ antisemitisch/rassistisch!«, dann schauen sie sehr bekümmert und sagen leise: »Darum geht es nicht.« Denn sie können sich die Welt nicht mehr anders denken. Ich habe von ihnen, von hochintelligenten und eminent politisch denkenden Menschen, vieles gelernt, besonders, mich in manchen Diskussionen nicht um jeden Preis durchsetzen zu müssen. Aber ihre Eingeschüchtertheit und Devotheit bestürzen mich. »Darum geht es nicht« – wie viele von ihnen gibt es inzwischen, die das Recht des Stärkeren, Lauteren gegen jede Vernunft und Beweislage zu akzeptieren gelernt haben? Die ihr gut geöltes Wohlverhalten auch gegenüber Missgünstigen und zynischen Spielern beibehalten? Unter anderem, weil es *am einfachsten* ist? Und die ständig befürchten, in ihrer digitalen Peergroup aufzufallen, also »problematisch zu werden«, wenn sie weiterhin in NGOs oder Vereinen bleiben, die, wenn auch zu Unrecht, gebrandmarkt wurden?

Von den eigenen Ängsten und Feigheiten handelt (auch) »They – A Sequence of Unease« der englischen Schriftstellerin Kay Dick, ein kürzlich in England wiederentdeckter Roman, der nun zum ersten Mal ins Deutsche übertragen wurde. Eine Gruppe Künstler, Schriftsteller, Maler, Komponisten, Bildhauer hat sich an die idyllische südenglische Küste zurückgezogen und sich dort über die Dörfer verstreut, denn in den Städten, so raunt man, herrschen schon »sie«. »Sie« bleiben namenlos, tauchen aber in Gruppen auch hier in der Provinz auf, »sie« haben offensichtlich etwas gegen Kunst, stehlen und zerstören Bücher, Musiknoten und Gemälde, verwüsten Bibliotheken und Museen und verfolgen alle, die es wagen, weiterhin künstlerisch zu arbeiten. Kreativität, Individualität, Alleinsein sind verdächtig und bedroht. Niemand weiß, wen es als Nächsten trifft oder wie man »ihnen« am besten ausweicht. Dieser Text verbreitet von der ersten Seite an das Unbehagen, das er im Titel trägt. Am Rand der Handlung, wie nebenher, geschehen schockierende Dinge, einer Malerin werden die Hände abgehackt, einem Glaskünstler werden mit einem seiner spitzen Objekte die Augen ausgestochen, aber wie schon Alfred Hitchcock wusste, ist nicht der Anblick einer grausigen Tat das Schlimmste, sondern die anschwellende Angst davor. Und das ist der Geniestreich dieses über vierzig Jahre alten schmalen Romans: dass mit seinem Fortgang immer unklarer wird, wer »sie« eigentlich sind. Schon bald stellen sich Leute als zu »ihnen« gehörig heraus, die man zu den »unseren« gezählt hätte. Spätestens da erkennt die Leserin, dass sie von der Roman-Wahnwelt gekidnappt worden ist, fühlt sich mit-verfolgt, will »sie«, wenn schon nicht besiegen, dann wenigstens überlisten und umgehen. Vom Begreifen der eigenen Verwicklung ist es nicht mehr weit bis zum gruseligsten Gedanken: Es könnte sein, ja es ist sogar wahrscheinlich, dass »sie« zu einem Teil in einem selbst drinstecken, dass man ihre Überzeugungen teilweise schon in sich trägt. Ist denn Kunst nicht wirklich in vielen Fällen ziemlich überflüssig? Oft genug einfach nur schlecht? Eitel? Selbstbezo-

gen? Eklig? Blasphemisch? Ist sie nicht wirklich oft geeignet, das friedliche gesellschaftliche Zusammenleben
zu stören? Muss das alles unbedingt sein? Geht's nicht
eine Nummer kleiner? Sollte das eine oder andere nicht
tatsächlich verboten werden? Muss man alles ertragen,
nur weil es sich *Kunst* nennt?

Erkenntnis und Unbehagen von »They« entstehen
also aus einer Bewegung, die sich während des Lesens
vollzieht – erst kann sich jeder, je nach persönlicher Be-
troffenheit, herrlich bestätigt fühlen, wer »sie«, also die
jeweils anderen sind, die einem das Leben und die freie
Entfaltung so sauer machen. Vermutlich sind es für die
einen die alten Mächtigen (Stichwort Männer, Weiße,
Rechtskonservative), die sich gegen jede Einsicht an ihren Privilegien festklammern und in deren Augen die
Kunst seit jeher alles durfte, wenn es nur gutes Geld ein-
brachte, für die anderen dagegen die neuen Hypermora-
listen (Stichwort links-woke Bewegungen), die in ihren
Forderungen maßlos erscheinen und aus gesellschaftlicher Rücksichtnahme auf alle möglichen Minderheiten
die rote Linie in Richtung Zensur überschreiten. Aber
im zweiten, geradezu entgegengesetzten Erkenntnis-
schritt beginnen diese Gegner einander nicht nur zu ähneln, sondern sogar den ureigenen Ressentiments. Drittens gibt es, bitte nicht zu vergessen, auch noch die gute
alte brachiale staatliche Zensur in vielen Ländern der
Welt, wo Künstler verboten, verfolgt, verhaftet oder ins

Exil getrieben werden – diese allerdings ist am einfachsten zu identifizieren. Sie ist so gewalttätig wie eindeutig.

Darin jedenfalls steckt die Weisheit dieses Romans, zumindest wenn er aus demokratischer Sicherheit gelesen wird. Er scheint noch einmal mit großer Gelassenheit festzustellen, dass Kunst- und Meinungsfreiheit, Gerechtigkeit, Ausgleich und Inklusion keine Konzepte sind, die jemals einen paradiesischen Vollendungspunkt erreichen, sondern dass es sich um Prozesse handelt, deren Details ständig neu verhandelt werden müssen.

Diese Banalitäten (Prozesse, Aushandeln) werden in der Digitalmoderne unter den Lawinen des erregten Austauschs begraben. Ungeduld wie Kompromisslosigkeit sind übermächtig, sie reißen jede Beherrschung mit sich. Auch das wird vom Medium selbst hervorgerufen: Wenn man so blitzschnell alle (zumindest nach eigener Einschätzung) überzeugenden Argumente sammeln und die anderen damit bewerfen kann, dauert die Antwort sogar dann zu lange, wenn der Gegner diese Argumente im bestmöglichen Fall einfach nur lesen und verstehen will, bevor er sich geschlagen gibt. Die digitale Gesellschaft ist qua Geschwindigkeit und Überrumpelungsgewohnheiten in kindliche Verhaltensweisen zurückgefallen: Sie will alles, auch und gerade das Absolute, jetzt sofort, gleich, unbedingt, und ohne den mindesten Abstrich. Sonst: Tobsuchtsanfall, um wenigstens die eigene Kraft zu spüren.

Dabei sind die Unvollkommenheit der Welt und die eigene Vergänglichkeit ja überhaupt nur zu ertragen, wenn man, später im Leben und mit mindestens über die Hälfte abgestoßenen Weltverbesserungshörnern, endlich einsieht, dass es weder ein *gut* noch ein *pur* jemals irgendwo gibt, sondern höchstens ein *weniger schlecht* und *weniger verdorben*. Es gibt – im besten Fall – nur etwas größere Freiheiten und etwas kleinere Beschränkungen. Der Weg bleibt das Ziel, denn das jeweilige, sich ständig verändernde Ziel wird keiner von uns je erleben.

Die statuengleiche Erstarrung von Parkinsonpatienten in der späten Krankheitsphase ist der natürliche *Endpunkt* eines immer stärker werdenden Zitterns und nicht etwa sein plötzliches Gegenteil. Am Ende zittert der Kranke so schnell, dass er in der Bewegung erstarrt. Schüttellähmung: Das scheint mir auch anschaulich als Metapher für die verzweifelte Suche nach der einen, ewig gültigen Moral, von der heute so viele ergriffen sind und die so skurrile Blüten treibt. All das Wissen, über das man heute verfügt, all die Geschwindigkeit und Tragweite der Informationen, all die Theorien darüber, wie der Planet vor der Klimakatastrophe am effektivsten zu bewahren wäre, was echter gesellschaftlicher Ausgleich bedeutet und wie die Finanzsysteme fair und nachhaltig zu reformieren wären – alles zu viel und zu groß. Früher überblickte ein Mensch gerade die Erfordernisse für seine Familie und maximal sein Dorf, jetzt, bildet sich die Menschheit ein, weiß sie alles über sich und den ganzen Planeten. Aber von der Umsetzung des Notwendigen scheint sie so weit entfernt wie nur je. Die Kluft zwischen dem, was zu tun wäre und dennoch nicht getan wird, mehr noch, die unaufhörliche *Messbarkeit aller Versäumnisse,* ist, jedenfalls für Interventionisten und Apokalyptiker, schwer belastend. Es treibt sie in den moralischen Parkinson.

Und auch von hierher lässt sich der Zustand der Debatte erklären. In einer Hyperinflation von Meinungen kann die Einzelmeinung nur in Richtung Moral aufgewertet werden. Sie will dann viel mehr als bloße Meinung sein, nämlich ein moralischer Imperativ; Meinung wird zum Ausdruck dessen, was getan werden muss. Gegenmeinungen torpedieren die eiligst gebotene Rettung der Welt (auf vielen Gebieten) und müssen aus moralischen – also aus den besten – Gründen verdammt werden. Der andere hat somit mehr als nur eine *andere Meinung.* Er hat eine *andere Agenda.* Auch dadurch wird er zum Feind.

»Erst kommt das Fressen, dann kommt die Moral« von Bertolt Brecht ist der wahrscheinlich berühmteste Sinnspruch zur Moral. Und er stimmt wie eh und je. Wer da alles Tag und Nacht debattiert und die Moral gepachtet zu haben meint, hat zweifellos auch genug zu fressen. Die, die nicht genug haben, hört man nicht. Sie verhungern anderswo oder ertrinken vor unseren Küsten. Die soziologische Konstante trotzt selbst der digitalen Zeitenwende: Moral war immer schon etwas für die, die sie sich leisten konnten. Das erlegt ihnen aber auch eine besondere Verantwortung auf, den, nun ja, Eliten, den Repräsentanten, den Verantwortungsträgern und Meinungsführern, ohne die das Konzept »Gesellschaft« einfach nicht möglich ist, ihnen, die die Macht, Voraussetzungen und Möglichkeiten haben, innezuhalten, zurückzutreten und sinnstiftende Normen und Werte für alle zu formulieren. Unter den Bedingungen der Digitalmoderne wird diese besondere Verantwortung allerdings ganz besonders missachtet und verletzt.

VIII.

Religionsmetaphern und moralisches Flügelschlagen

»Der Mensch sucht dort nach Anerkennung, wo er sie kriegen kann« – John McWhorter

Im Jahr 2021 veröffentlichte der US-amerikanische Linguist John McWhorter das Buch »Woke Racism«.[22] Seine zentrale These ist, dass der notwendige Kampf gegen den Rassismus in den USA teilweise ins Unverständliche, Wundergläubige, Irrationale gekippt ist. Er habe, argumentiert McWhorter, Züge angenommen, die man sonst am ehesten bei Religionen findet. Um ihn von zwei früheren historischen Phasen abzusetzen, in denen konkrete politische Ziele, zuerst das Ende der Rassentrennung und dann die festgeschriebene Gleichberechtigung, verfolgt und auch erreicht wurden, nennt er ihn den Antirassismus der »dritten Welle«. Und dieser erschöpfe sich in hochfahrendem, aggressivem Symbolismus, anstatt das Leben der Schwarzen in Amerika konkret zu verbessern. McWhorters Spott

---

22 Deutsch: »Die Erwählten – Wie der neue Antirassismus die Gesellschaft spaltet«, Hoffmann und Campe, 2022

und Kritik (er ist ein witziger, sozusagen hemdsärmeliger Schreiber, der sich nicht vor Zuspitzungen scheut) ergießen sich vorwiegend über die neuen *weißen* Antirassisten, denen es, seiner Meinung nach, vor allem um die Demonstration ihrer Tugendhaftigkeit geht, und die überzeugt seien, sich im Besitz einer absoluten Wahrheit zu befinden. Für ihr quasireligiöses Verhalten führt er viele Beispiele an: etwa eine Versammlung der juristischen Fakultät an einer Universität, bei der sich alle (weißen) Unterrichtenden von ihren Stühlen erhoben und sich selbst bezichtigten, »nicht nur privilegiert, sondern offen rassistisch zu sein. Das wurde vom gesamten Lehrkörper verlangt, völlig unabhängig von individuellem Charakter oder politischer Überzeugung.« Weiters, dass »Erwählte Weiße damit anfingen, bei den Protesten nach dem Mord an George Floyd für längere Zeit auf die Knie zu gehen, um ihre allgemeine Wokeness – ihr erwachtes Bewusstsein insbesondere für die rassistischen Strukturen unserer Gesellschaft – zu bezeugen«. Oder dass viele weiße Amerikaner Fotos von sich und Robin DiAngelos Bestseller »White Fragility« (auf Deutsch: »Wir müssen über Rassismus sprechen«) auf den sozialen Medien posteten, um »ihren Leuten« damit zu beweisen, »dass sie an sich arbeiteten«, an ihrem »angeborenen Rassismus« und ihrem »white privilege« also, über die sie sich endlich klargeworden seien. Andere Weiße würden sich über die

Texte von Ta-Nehisi Coates beugen und sich darüber mit Gleichgesinnten abklatschen, auch das wurde im Netz gepostet. McWhorter bezeichnet die Bücher von Coates, DiAngelo und Ibrahim X. Kendi (»Antirassistisch handeln – Ein Arbeitsbuch«) als die »liturgischen Texte« dieser neuen Bewegung, die Ketzer kenne, Sünden, und einen »Katechismus der Widersprüche« als mystischen Kern habe, an den man eben glauben müsse, da er nicht logisch, sondern im Gegenteil paradox sei. Er spießt die auffälligsten Widersprüche paarweise auf: »Zu Rassismus zu schweigen ist Gewalt – die Stimme der Unterdrückten muss lauter zu hören sein als Ihre eigene [...] Zeigen Sie Ihr Interesse an Multikulturalismus – Finger weg von kultureller Aneignung [...] Wenn Weiße aus Schwarzen Wohnvierteln wegziehen, ist das *White Flight*, die weiße Fluchtbewegung – wenn Weiße in Schwarze Wohnviertel ziehen, ist das Gentrifizierung« und so fort.

»Um es klar und deutlich zu sagen«, schreibt McWhorter, der selbst eine *Person of Color* ist und wegen seiner Thesen von nicht wenigen als Verräter angesehen wird, »meiner Ansicht nach ist die Ideologie dieser Leute nicht nur ›so ähnlich wie‹ eine Religion. Ich ziehe diesen Vergleich nicht als rhetorisches i-Tüpfelchen. Für mein Dafürhalten ist diese neue Ideologie tatsächlich eine Religion. Ein Anthropologe würde zwischen der Pfingstbewegung und dieser neuen Spielart von Antirassismus typologisch keinen Unterschied erkennen.«

Man kann nun McWhorter vorhalten, dass seine Unterscheidung zwischen Ideologie und Religion nicht ganz präzise ist, da Religion den gängigen Definitionen zufolge doch meistens auf irgendeine Form von Transzendenz, auf eine Belohnung im Jenseits abzielt, und es gibt durchaus ein paar Gegenargumente zu seinen unterhaltsamen Zuspitzungen. So lagen etwa die Ursprünge der »Critical Race Theory«, als deren Jünger sich die »neuen Antirassisten« der dritten Welle heute gerieren, in den Neunzigerjahren genau dort, wo John McWhorter sie auch heute rundum unterstützen würde: Die CRT ging von ebenjenen Lebensbedingungen Schwarzer aus, die *trotz* aller Bestrebungen der beiden ersten Wellen schwer oder gar nicht veränderlich schienen, und fragte nach Gründen und Lösungen dafür. Wenn sie nun endlich dieselben Zugangsberechtigungen zu Bildung und Arbeitsmarkt bekommen hatten, warum blieben Schwarze dennoch als Gruppe ökonomisch und bildungsmäßig weiterhin unter dem Durchschnitt, wurden häufiger kriminell, Opfer von Verbrechen, drogensüchtig, starben jünger und so weiter? Die »Critical Race Theory« ist keine stringente Theorie, sondern ein Bündel aus Thesen und Forschungsansätzen, und versuchte, eine Ebene tiefer zu den Ursachen für anhaltende gesellschaftliche Ungerechtigkeiten vorzudringen sowie Rassismus freizulegen, wo man sich seiner bis dahin noch nicht bewusst war.[23] Die Fragestellungen waren zweifellos richtig, bei den – manchmal sehr energisch gegebenen – Antworten wird es schwieriger.

Ähnlich ist es ja mit der Gleichstellung der Frauen und dem weiterhin offenbar unüberwindlichen »Gender-Pay-Gap« ebenso wie mit den Einkommensunterschieden zwischen Westdeutschland und den neuen Bundesländern – auf dem Papier haben Frauen und alle jene, die früher Ostdeutsche gewesen wären, alle Möglichkeiten für Selbstbestimmung, Freiheit, Bildung, aber in der Realität bleiben sie als Gruppe zurück. Also diskutiert man über Quoten und ähnliche Regularien, die andere Gerechtigkeitsprobleme mit sich bringen. Heutige Bewerbungsprozesse müssten theoretisch geschlechts-, farben- und herkunftsblind sein. Wenn aber die vermeintlich nur nach ihrer Leistung ausgewählten Bewerber am Ende wieder mehrheitlich die weißen Bürger- und Akademikerkinder wären (und leider oft sind!), weil sie schon ihr ganzes Leben auf genau diese Art von Auswahlprozessen vorbereitet wurden (anders als etwa Mädchen aus Gastarbeiterfamilien), dann muss das Ergebnis nachgebessert werden. Es ist eine Crux, die sich nicht einfach lösen lässt.

23 Siehe auch Adrian Daub: Karriere eines Kampfbegriffs, FAS vom 2. April 2023

Die Ersten, die in vorher unerreichbare Positionen vorstoßen, sehen automatisch wie Quotenfrauen, Quotenschwarze und Quotenmigranten aus, Rollen, die gesamtgesellschaftlich wichtig, den Betroffenen aber oft unangenehm sind. Auch, weil sie verunsichert sind, wie sie sie auslegen sollen: Sind sie nur noch, mit Sitz und Stimme, als verlängerter Arm ihrer Gruppe hier, oder dürfen sie weiterhin ihren individuellen Anliegen und Überzeugungen folgen? Soll ausgerechnet Aufstieg dazu führen, dass sie umso fester an ihre Gruppenidentität geschmiedet werden? Wie oft wurde etwa Angela Merkel vorgeworfen, dass sie keine explizite Frauenpolitik und auch keine für den benachteiligten Osten Deutschlands gemacht habe! Aber das musste sie eben nicht.

Wenn theoretisch alle Positionen von allen erreicht werden können, wäre es falsch, sie dort auf eine von anderen zugewiesene Identität festzulegen. Mit dem Aufstieg und dem Erfolg sollte doch nicht nur Entscheidungsfreiheit, sondern auch die Freiheit von allen Zuschreibungen verbunden sein. Erst auf der paradiesischen Endstufe einer gleichberechtigten diversen Gesellschaft wird das alles keine Rolle mehr spielen.

Und daher ringen Parlamente, Parteigremien, Vorstände, Aufsichtsräte, Lehrkörper überall weiter um eine Diversität, die gar nicht leicht herbeizuführen ist. Die »Critical Race Theory« hat einen wichtigen Perspektivwechsel angestoßen, der erst dabei ist, sich gesellschaftlich durchzusetzen: Sie hat das vermeintlich Neutrale beseitigt. »Weiß, männlich, heterosexuell, christlich« werden in Zukunft nicht mehr länger als Nullmeridiane der Gesellschaft betrachtet werden, als naturgegebene Norm, von der alles andere eine Abweichung darstellt. Nein, das sind einfach Hautfarben, Geschlechter, Eigenschaften und sexuelle Orientierungen wie alle anderen auch – die heute Zwanzigjährigen haben damit schon einen ganz anderen, entspannteren Umgang. Und dieser Fortschritt wäre, kollektiviert, spektakulär genug. Doch die Exzesse, die von den McWhorter'schen »Erwählten« ebenso wie von ihren Gegnern hauptsächlich über die sozialen Medien verursacht werden, sind geeignet, Menschen gegen diese Fortschritte einzunehmen, indem sie ihnen die Themen selbst verleiden. Jedenfalls tragen sie wie so vieles, was im Netz aufschäumt, zu Verwirrung und Unmut bei, sie eskalieren schwierige und empfindliche Debatten und fügen ihnen Schaden zu.

Und deshalb ist McWhorters Buch, bei allem, was im Detail einzuwenden wäre, ein origineller Beitrag zu mehr als nur der spezifisch US-amerikanischen Rassismusdebatte. Mit der Denkfigur von den »Gläubigen« und »Erwählten«, die wie Inquisitoren hinter den Falschgläubigen her sind und sie – vorwiegend digital – einschüchtern, zum Schweigen bringen, vertreiben oder konvertieren, hat er eine treffende, giftige Metapher für den Umgang in den sozialen Netzwerken geschaffen – und zwar eben für alle Seiten, die ein bestimmtes verdammendes, verfolgendes und gebieterisches Verhalten zeigen: »Wie Eric Hoffer schrieb, Religionen brauchen keinen Gott, aber einen Teufel.«

Wer sich im Besitz des Wahren und Guten wähnt, neigt dazu, den eigenen Überschwang, die eigene Übergriffigkeit nicht nur zu übersehen, sondern zu rechtfertigen.

In den Netzdebatten etwa um »Black Lives Matter« oder um das richtige Sprechen über Transmenschen tritt noch eine oft überhitzte Solidarität ihrer Unterstützer hinzu: Etwas nicht für sich selbst, sondern für die als benachteiligt erkannten anderen mit allem Nachdruck zu verlangen, verleiht moralische Flügel. Dass das als Paternalismus, Bevormundung oder Rechthaberei ankommen kann, gerät den Erwählten außer Sicht, so hoch oben schweben sie. Vielen von ihnen sind ihre Flügel an genau der Stelle nachgewachsen, an der ihnen eigentlich der Zeitgeist gerade die alten (vulgo Privilegien) abgeschlagen hatte. Schon vormals privilegierte Besserwisser kommen, nach einem Vollwaschgang zum Thema Bewusstwerdung der eigenen Privilegien, durch die Hintertür wieder herein und wissen weiterhin alles mindestens sehr gut. Nur so werden aus weißen Amerikanern »erwählte«, in evangelikale Gebärden verliebte Streiter gegen Rassismus, und aus Enkeln deutscher Nazis Israelverteidiger um absolut jeden Preis, die auch Juden gern darüber belehren, was sie über israelische Politik zu denken haben. Aus manchen Männern sind übereifrige Feministen geworden, die sich mit Haut und Haar zur Gendersprache bekennen, befremdet betrachtet von ihren Partnerinnen, die weiterhin vorwiegend für die Kinder und die Sauberkeit im Haushalt zuständig sind. Und aus heterosexuellen Familienvätern werden, einfach indem sie sich als »non-binär« bezeichnen, bebende Queerness-Beauftragte, die Einwände hinwegfegen, selbst wenn sie von Menschen kommen, die im Gegensatz zu ihnen schon echte Erfahrungen mit Homophobie gemacht haben. Wer da alles mit den Flügeln schlägt, ist entweder selbst ein stolzes, seine Wunden schrill ausstellendes Opfer oder, in den weit überwiegenden Fällen, dessen oder deren unerbittlicher selbsternannter Anwalt. Das gelingt besonders leicht in einem Medium, bei dem man nie sieht, wer da eigentlich spricht.

Und ganz nebenbei stellt das die Identitätspolitik selbst noch einmal auf den Kopf (was ihr nur recht geschieht): Wer die bekannten Minderheiten mit allerschärfsten Worten verteidigt und in ihrem Namen Sprachregelungen einfordert, hofft offenbar darauf, vergessen zu machen, dass er oder sie selbst ihnen gar nicht angehört. Aber indem sie so sehr für die Benachteiligten streiten, verwandeln sie sich ihnen beinahe ein bisschen an.

Diese Losgelöstheit von den Reaktionen der Betroffenen, die moralische Abgehobenheit und die Anmaßung, sich im Namen von anderen zu äußern (während gleichzeitig »cultural appropriation« zum Lieblingsvorwurf erhoben wird), konnten wohl nur im Rahmen digital geführter Auseinandersetzungen derart eskalieren und gleichzeitig politisch so schwammig werden. Es sind wahrlich nicht die vielgeschmähten »Woken« allein, die hier im allerschrillsten Ton Verhaltensnormen einfordern und Sprachverbote aufstellen, nein, ihre Gegner ähneln ihnen spiegelbildlich, bestens zu überprüfen etwa bei den Netzdebatten zur Gendersprache: »Letztlich kommt es einem immer so vor, als seien all diese Bemühtheiten und sperrigen Purismen doch eher für den Sprachgebrauch von Leuten gemacht, die sich als zu kurz gekommen betrachten und sich irgendwie immer gedemütigt fühlen. Das gilt übrigens ebenso für ihre hysterischen Gegner, die glauben, ihnen würden Wörter entwendet wie kleinen Kindern der Schaufelbagger«, schreibt Hilmar Klute.[24]

24 Hilmar Klute: Im Minenfeld der Worte, Süddeutsche Zeitung vom 17. April 2023

Auch hier gilt, dass die Lauten und Aggressiven in falschem, viel zu großem Maßstab gehört werden, jedenfalls im Vergleich mit der »echten« Welt. Die vielen, denen die Frage »Gendersprache oder nicht?« am verlängerten Rückgrat vorbeigeht, weil sie andere, existenziellere Sorgen oder bloß kein Interesse daran haben, hört man nicht. Aber die anderen beiden Gruppen, die Pro- und die Contra-Gruppe, versuchen, wo sie können, auch den Schweigenden Bekenntnisse abzuringen. Bis viele den Eindruck gewinnen, es sei das wichtigste Thema unserer Zeit.

Und wieder offenbart sich das philosophische Problem vom Anfang dieses Essays: Welche Perspektive ist denn nun gültig, die digitale oder eine wie immer zu definierende »außerdigitale«? Wenn bestimmte Debatten vor allem vom Netz gemacht und angetrieben werden, wäre dann die digitale Perspektive nicht automatisch die »richtige«, egal wie absurd und irrational sie, auch durch ihre naturgegebene *false balance,* ist? Digitale Erregungswellen haben handfeste Auswirkungen auf »die Welt da draußen«, siehe Pizzagate, siehe Impfverweigerung. Digital erdachte und geschürte vermeintliche Skandale können jederzeit gewaltbereite Menschen auf die Straße treiben, der Sturm auf das Kapitol am 6. Januar 2021 ist nur das bekannteste Beispiel.

Und schließlich werden, durch die Art, wie Debatten im Netz ablaufen, Argumente so sehr vergröbert, dass ihr ursprünglicher Bezugsrahmen nicht mehr erkennbar ist, sie sich von ihm ablösen. Wie Albrecht Koschorke in einem faszinierenden Überblicksessay gezeigt hat, ist die heutige Identitätspolitik mit ihren Wurzeln, dem französischen Konstruktivismus der Sechziger- und Siebzigerjahre, kaum mehr in einen Zusammenhang zu bringen, es habe sich nicht nur das Spielerische und die Ironie, sondern auch »der dekonstruktive Impuls weitgehend verloren. Er ist der Vorstellung einer Palette von Identitätsoptionen gewichen, die in verkleinertem Maßstab reproduzieren, was im Großen aufgesprengt werden sollte.«[25]

Ohne die digitale Massenvervielfältigung gäbe es diese Wellen der Empörung jedenfalls nicht, die blitzschnellen Exekutionskommandos, die behäbige Institutionen wie Universitäten, Parteien und Firmen inzwischen oft derart unter Druck setzen, dass sie zu schnell die falschen Entscheidungen treffen, Vortragende ausladen, Kündigungen aussprechen, Konferenzen absagen. Die digitalen Strukturen sind das Transportmedium

---

25 Albrecht Koschorke: Identität. Vulnerabilität und Ressentiment, Positionskämpfe in den Mittelschichten, Forschungsinstitut Gesellschaftlicher Zusammenhalt, FGZ Working Paper Nr. 1, Dezember 2021

und der Treibstoff gleichzeitig: »Wir sehen einen Twitter- oder Facebook-Mob an jemandes Eingeweiden reißen und müssen feststellen, dass eine absolut wunderbare, friedliebende und superschlaue Bekannte von uns den gesammelten Schmähreden fröhlich ein Like gibt und sogar selbst noch einen aggressiven Kommentar draufsetzt. Das alles hat damit zu tun, dass das Erwähltsein eben eine Religion ist und kein Aufstand. Alle dürfen mitmachen«, schreibt McWhorter.

Und deshalb ist John McWhorters Denkfigur so schlüssig und letztlich sogar entlastend: Wenn man nämlich alle jene, deren aggressives Benehmen im Netz man nicht mehr mit ihrer »analogen« Persönlichkeit in Verbindung bringen kann, lieber als »Gläubige« betrachtet. Oder einfach als welche, die einen hypermoralischen Stich haben, so wie andere Heuschnupfen oder eine Erdnussallergie. Man nimmt ein bisschen Rücksicht, umschifft die Gesprächserdnüsse oder die Pollenargumente. Um das im Alltag und in den eigenen Bekannt- und Freundschaften unbeschadet durchzuhalten, ist es allerdings nötig, sich von den digitalen Orten fernzuhalten, an denen »diese Leute«, wie McWhorter sie nennen würde, herummoralisieren.

IX.

McWhorter goes Germany

*»Die Landkarte ist nicht die Landschaft, aber wenn
die Landkarte der Struktur der Landschaft ähnlich ist,
ist sie brauchbar«* – Alfred Korzybski

Auch in Deutschland gibt es Debatten, die in Schieflage und immer absurdere Verästelungen geraten, die aus Ungeduld und Überforderung auf den kleinsten digitalen Nenner heruntergebrochen werden. Eine davon: Alle sind gegen Antisemitismus, ja natürlich, sogar die AfD. Aber schon die Frage, was Antisemitismus eigentlich ist bzw. welcher Antisemitismus wen am meisten bedroht, geht im Getöse unter. Militanter, bewaffneter, rechtsradikaler Antisemitismus bedroht auch weiterhin die Juden an Leib und Leben, sogenannter linker, kultureller oder israelbezogener Antisemitismus dagegen bedroht vor allem das empfindliche deutsche Selbstverständnis. Auch deshalb hört man vom Kampf gegen Letzteren öffentlich deutlich mehr.

So wichtig es gerade in Deutschland ist, wach und aufmerksam zu bleiben, so banalisiert, oberflächlich und schädlich erscheint mir die Art, wie seit einiger Zeit mit dem Antisemitismus-Thema umgegangen wird. Unter den speziellen Prämissen der Digitalmo-

derne wirkt das alles zusätzlich kostümiert und aufge-
pumpt wie unter Anabolika. Seit einigen Jahren wach-
sen die Chanukkiot, die Kerzenleuchter zum jüdischen
Lichterfest im Dezember, im öffentlichen deutschen
Raum auffällig an, seit November 2021 steht »die größte
Chanukkia Europas« am Brandenburger Tor. Und jeder
Spitzenpolitiker, der auf sich hält, twittert neuerdings
Glückwünsche. Das gab es früher so nicht, also nicht in
den sieben Jahrzehnten, die seit dem Ende des Zweiten
Weltkriegs und der Befreiung der Konzentrationslager
vergangen sind. Plötzlich ist es da – woher und wozu?
Damit wird nur eine recht kenntnisfreie Gleichsetzung
mit dem christlichen Weihnachtsfest vollzogen – im
Vergleich zu Pessach oder Jom Kippur ist Chanukkah
religiös zweitrangig, hat keinen biblischen Ursprung
und ist ein Konglomerat von heidnischen, römischen
und christlichen Elementen.[26]

---

26 Dazu Yossi Bartal in der taz vom 24. Dezember 2016: »Es ist
    eine Ironie, dass ausgerechnet die Rituale jenes Festes, das
    eigentlich für den Erhalt der jüdischen Religion gegen fremde
    Einflüsse steht, von heidnischen Traditionen übernommen
    wurden. Seine Deutung als Lichterfest ist wahrscheinlich eine
    Anleihe bei dem römischen Winterfest, den Saturnalien. Die
    Ölwundergeschichte, die erst 400 n. Chr. auftauchte, diente als
    Erklärung für das heidnisch inspirierte Kerzenanzünden. Auch
    das Dreidel-Spiel mit einem Kreisel mit den vier Buchstaben N,
    G, H, Sh, die den Satz ›Ein großes Wunder ist dort geschehen‹

Und seit 2018 schießen Antisemitismusbeauftragte wie Pilze aus dem Boden. Nicht nur die Bundesregierung hat einen (Felix Klein gibt gern Teflonparolen wie »Es gibt keinen harmlosen Antisemitismus« aus), sondern, mit Ausnahme von Bremen, jedes Bundesland, das Bundeskulturministerium, mehrere Generalstaatsanwaltschaften und Kommunen wie Bamberg, Münster oder der Berliner Bezirk Lichtenberg. Es werden immer mehr: Auch die Polizei- und Militärrabbiner sind vorwiegend für das Erkennen und Bekämpfen von Antisemitismus zuständig, ganz einfach, weil es in den Mannschaften und Truppen keine oder kaum Juden mehr gibt. Außerdem ernennen inzwischen zahlreiche jüdische Gemeinden eigene Antisemitismusbeauftragte, das ist so neu wie merkwürdig: Ihr Einsatzgebiet ist ja vermutlich nicht die eigene Gemeinde. Diese ist nur der Auftraggeber – aber zu welchem Zweck? Und natürlich schmückt sich auch die AfD-Fraktion im Deutschen Bundestag mit einer Antisemitismusbeauftragten, nämlich Beatrix von Storch.

Viele andere Seltsamkeiten treten hinzu. Durch Köln etwa fuhren, für die Dauer von zwei Jahren, Stra-

---

bilden, entstammt einem mittelalterlichen Glücksspiel. Und das ›Chanukka-Geld‹, das man sich heute schenkt, ist ein neuerer Brauch, der eingeführt wurde, um mit dem konkurrierenden Weihnachtsfest mit seinen Geschenken mithalten zu können.«

ßenbahnen im blau-weißen Israeldesign samt Davidstern, bedruckt mit der leicht beschickerten Aufschrift
»Schalömchen«, Motto der Aktion: »Die Domstadt setzt
ein mobiles Zeichen für ein Miteinander und gegen
Antisemitismus.« Das Land staffierte sich also anlässlich
von »1700 Jahren jüdisches Leben in Deutschland« mit
vielen solcher gut gemeinten, gut gelaunten und manchmal albernen Oberflächlichkeiten aus. Und gleichzeitig
wird der Ruf nach »Kampf gegen den Antisemitismus«
immer lauter, allgemeiner und damit ungenauer.

Beides wird vom Netz angetrieben: der Antisemitismus
ebenso wie seine erbitterte Bekämpfung. Die sozialen
Medien haben messbar zu einer Radikalisierung der politischen Mitte beigetragen, eine Studie belegte schon
im Jahr 2018, also noch vor Corona, wie exorbitant
Antisemitismus dort in den letzten zehn Jahren angeschwollen war: »Diese Entwicklungen in der virtuellen
Welt korrelieren in der realen Welt mit judenfeindlichen Übergriffen, Beleidigungen, Drohungen und
Attacken.«[27] Die Pandemie wirkte als Brandbeschleu-
niger; die Impfgegner revitalisierten einerseits die Mär
von der jüdischen Weltverschwörung und steckten sich

27 Süddeutsche Zeitung vom 20. Juli 2018, bezieht sich auf
   Monika Schwarz-Friesels Studie »Antisemitismus 2.0.« an der
   TU Berlin

andererseits »Judensterne« wie zur Nazizeit an, um den Grad ihrer gefühlten Verfolgung zu unterstreichen. Aus all dem irrationalen Verhalten auch auf den deutschen Demos war abzulesen, dass, was immer an Bedrohlichem passiert (und die Pandemie war eine »Katastrophe in Zeitlupe«, wie Christian Drosten sagte), es sofort und spontan um und gegen die Juden geht. Obwohl es doch in Deutschland nur noch so wenige gibt. Und das ist wahrlich keine gute Nachricht.

Gleichzeitig ist die öffentliche Sensibilität für Antisemitismus gestiegen, proportional mit der Sensibilität für andere Ressentiment- und Diskriminierungsthemen, allesamt befördert durch die sozialen Medien, die aber nicht bloß sensibilisieren, sondern eben auch schnell in Skandalgeschrei kippen. Das ist der giftige Zug bei all diesen Themen in der Digitalmoderne: Eine richtige Anstrengung gerät durch Phänomene wie Geschwindigkeit und Massenverbreitung, Rückkopplungen und Moralgefuchtel sehr schnell außer Kontrolle, in morastige Gebiete jenseits aller Vernunft. Und in diesen Zeitgeist und Zusammenhang – den digital angeheizten, der ständig nach großen Symbolen strebt, sich aber nicht für deren Nebenwirkungen interessiert – gehört auch die sogenannte BDS-Resolution des Deutschen Bundestags. Sie hatte gravierende Folgen, weit über den Symbolismus hinaus, und zeigte auf ihrer eigenen Kehrseite, dass es die Muslime sind, die heute besonders schnell unter Pauschalverdacht (nicht nur für Antisemitismus, sondern auch Extremismus, Terrorismus, Rückständigkeit) geraten.

BDS (»Boycott, Divestment, Sanctions«) ist eine unübersichtliche Bewegung, ursprünglich gegründet als gewaltfreie Alternative des palästinensischen Freiheitskampfs. Für die Rechte der Palästinenser und ihren eigenen Staat will BDS die friedlichen Mittel des Boykotts einsetzen, begonnen beim Boykott der Produkte von israelischen Siedlern im besetzten Westjordanland. Aber inzwischen boykottiert BDS auch israelische Künstler und Wissenschaftler, egal, wie sie zur Frage der Besatzung stehen – und das überschreitet tatsächlich die rote Linie im Sinne der Kunst-, Wissenschafts- und Meinungsfreiheit, von der BDS umgekehrt selbst so gern profitieren möchte. Meron Mendel, der israelisch-deutsche Historiker und Direktor der in Frankfurt ansässigen Bildungsstätte Anne Frank, hält die Versuche von BDS, Israel wirtschaftlich zu boykottieren, inzwischen für völlig gescheitert, weshalb BDS nur noch der kulturelle Boykott bleibe – der aber sei, auch durch die Unterstützung westlicher Künstler, leider immer wieder erfolgreich. Und er kritisiert, dass BDS sogar Friedens- und Dialogprojekte boykottiert, indem palästinensische Teilnehmer unter Druck gesetzt werden.

BDS ist tatsächlich ein Lieblingsprojekt der west-lichen Linken[28] und findet besonders im angelsächsischen Raum viel Zuspruch. Der Pink-Floyd-Musiker Roger Waters etwa gerät immer wieder in die Kritik und wird als Antisemit bezeichnet; seine Einlassungen zu Israel und dem Konflikt mit den Palästinensern sind schlecht informiert, einseitig und mindestens antizionistisch,[29] aber ist das wirklich schon Grund genug, ihn nicht auftreten zu lassen? Seine Meinungen profitieren von der extremen Aufmerksamkeit leider zusätzlich. Der wirtschaftliche Boykott von Siedlerprodukten dagegen ist eine legitime politische Aktion und wird von der EU unterstützt.

Drei Anträge zu einer BDS-Resolution hatte jedenfalls der Deutsche Bundestag im Mai 2019 vorliegen, schon die unterschiedlichen Titel lohnen den Vergleich.

28 Eine deutsche Besonderheit ist die Teilung der radikalen Linken in ein »antiimperialistisches« und ein »antideutsches« Lager. Ursprünglich gegen nationale Identität nach der Wiedervereinigung eingestellt und in Abgrenzung zu antisemitischen Versatzstücken der Kapitalismuskritik (»jüdisches Kapital«) kritisierten die Antideutschen den deutschen Nationalstaat und Nationalismus vor allem mit Blick auf die NS-Vergangenheit. In den letzten Jahren wurde eine glühende Israelverteidigung immer wichtiger und hat automatisch das antinationale Element fast verdrängt.

29 Siehe dazu auch das Streitgespräch zwischen Roger Waters und Meron Mendel im Spiegel 12/23.

Die rechtsextreme AfD, deren Wähler deutlich antisemitischer sind als andere, brachte einen Antrag mit dem Titel »BDS-Bewegung verurteilen – Existenz des Staates Israel schützen« ein, die Linke einen, der »BDS-Bewegung verurteilen – Friedliche Lösung im Nahen Osten befördern« hieß. Beide Anträge kamen nicht durch, denn die Mehrheit stimmte für den gemeinsamen Antrag von CDU/CSU, SPD, Bündnis 90/Die Grünen und FDP. Teile der Grünen-Fraktion stimmten allerdings dagegen. Neben der interessanten und sprechenden Spaltung der deutschen Grünen ist also festzuhalten, dass der gesamte Deutsche Bundestag die palästinensische BDS-Bewegung für ein so schwerwiegendes Problem hielt, dass alle vertretenen Parteien Anträge für Resolutionen stellten. Dabei war diese Bewegung im Jahr 2019 in der deutschen Öffentlichkeit unbekannt; nur Nahostexperten wussten, welche Ziele sie verfolgt. Dass BDS in Deutschland in irgendeiner Weise offiziell operiert, ist bis heute nicht erwiesen, die Bewegung ist so lose, dass sich theoretisch jeder darauf berufen, aber eben auch jeder BDS als antisemitisch verdammen kann. Zugleich findet im logischen Umkehrschluss vermutlich jeder eingefleischte Antisemit BDS richtig gut, wenn auch vielleicht nicht ganz so gut wie Hamas. Ein riesiges Problem aber ist – auch dank dieser gewiss nur gut gemeinten Resolution – der andere, blitzschnelle, der sozusagen politisch korrekte Umkehrschluss: dass jeder,

der versucht, die Anliegen der Palästinenser zu erklären, Pauschalverurteilungen zurückweist oder Kritik an
der brutalen israelischen Besatzungspolitik äußert, um-
standslos zum BDS-Unterstützer und damit zum über-
führten Antisemiten gemacht werden kann. Dieses – digital ins Unendliche vervielfältigbare – Labeling kriegt
man kaum wieder los. Und solche Kurz- und Umkehr-
schlüsse sind nun eben die besondere Spezialität der
digitalen Debatte, erzeugt und angetrieben durch Un-
genauigkeit, Ungeduld und räumlich distantes, dafür
verbal umso aggressiveres Dominanzgebaren.

Zurück zu den drei Resolutionstiteln im Mai 2019:
Die AfD ebenso wie die Linke hatten einen gewählt, der
den Konflikt, in dem BDS agiert, geopolitisch klar defi-
nierte – Israel bzw. der Nahe Osten –, außerdem formu-
lierten beide eine klare Priorität. Jener Antrag aber, der
durchkam, trug den maximal verquasten Titel: »BDS-
Bewegung entschlossen entgegentreten – Antisemitismus bekämpfen«. Auf das harte Verb »verurteilen«
konnte man sich in dem Gemeinschaftsantrag mehre-
rer Parteien offenbar nicht einigen, so wurde das hoch-
elastische »entschlossen entgegentreten« daraus. Demokratiepolitisch ist das richtig, zeigt aber einmal mehr,
wie zwiegespalten dieses ganze Unternehmen war. Die
Resolution wusste, dass sie auf dem heiklen Gebiet der
Meinungsfreiheit operiert – ein gewaltloser Antisemitismus wäre als reine Meinung ja vom Grundgesetz ge-

schützt –, wollte aber trotzdem unbedingt einen symbolischen Verbotspflock einschlagen.

Das zeigt der zweite Teil des Titels noch deutlicher, indem er von der Konfliktregion weit abdreht ins Globale und Ungefähre, letztlich aber auf Deutschland zurückweist: »Antisemitismus bekämpfen«, ja klar, natürlich, immer, aber wo jetzt gerade genau? Der Konflikt zwischen Israel und den Palästinensern ist ja sehr vieles, aufgeladen und komplex, schmerzhaft und langwierig, verworren, belastend und für Deutsche, die Nachkommen der Nazis, unbestreitbar ein moralisches Minenfeld. Aber was dieser Konflikt *vor Ort* am allerwenigsten ist: einer, in dem es um Antisemitismus geht. Von seinem Ursprung her ist es ein Konflikt um Herrschaft und Boden, Gruppenfeindlichkeit wie Antisemitismus tritt erst hinzu, wenn von anderswoher über israelische Politik in antisemitischer, also gruppenbezogener Weise gesprochen wird (»*Die Juden* haben oder sind immer …« oder »Müssten nicht *gerade die Juden* wissen, dass …«). Mindestens von Seiten der radikalen israelischen Siedler wächst die spiegelbildliche Gruppenfeindlichkeit schockierend an; die israelische Soziologin Eva Illouz vergleicht deren pauschalen Araberhass mit dem Ku-Klux-Klan.[30]

30 »Wenn man verstehen will, wie radikale Siedler ticken, sollte man sich den Ku-Klux-Klan anschauen« – Interview mit Eva Illouz im Spiegel, Nr. 7, 2023

Die ganze BDS-Resolution in ihrer Verwaschenheit adressiert, genau wie ihr Titel, eben auch das deutsche Schuldgefühl gegenüber den Juden. Inzwischen hat der Wissenschaftliche Dienst des Bundestags festgestellt, dass sie rechtlich nicht bindend ist, also kein Gesetz, sondern bloß »eine politische Willensbekundung« – der Dienst unterscheidet hier wörtlich zwischen »echten« und »schlichten« Parlamentsbeschlüssen, diese Resolution gehört demnach zu den »schlichten«.

Dennoch hat sie zahllose Rechtsstreitigkeiten ausgelöst, da sich, dieser »Willensbekundung« folgend, verschiedene Institutionen der öffentlichen Hand in der Folge weigerten, Räumlichkeiten für Veranstaltungen, die BDS-nah waren oder die man auch nur dafür hielt, zur Verfügung zu stellen – auf Kulturboykott wird mit Kulturboykott geantwortet. In vielen Fällen waren die – bislang immer erfolgreichen – Kläger Juden oder jüdische Organisationen. Nicht zufällig engagieren sie sich besonders für eine friedliche Beilegung des Konflikts in Israel/Palästina (weil sie Israel bisher für ihre Lebensversicherung hielten, eine Überzeugung der jüdischen Diaspora seit der Shoah, die mit den besorgniserregenden demokratiepolitischen Entwicklungen im Land derzeit zu bröckeln beginnt). Viele Juden wissen sehr genau, dass Frieden ohne faire Lösung für die Palästinenser nicht zu haben ist. Juden in Deutschland, etwa die deutsch-jüdische Aktivistin Nirit Sommerfeld oder zuletzt Judith Bernstein, müssen also klagen, weil staatliche deutsche Institutionen sie davon abhalten wollen, in Deutschland »antisemitische Inhalte« zu verbreiten. *Collateral damage,* würden die Unterstützer der Resolution vermutlich sagen, Hauptsache, einer antisemitischen Organisation wird das Werben für ihre Inhalte in Deutschland so schwer wie möglich gemacht. Aber zu welchem Preis?

Die BDS-Resolution hat die Antisemitismusdebatte in erstaunlich kurzer Zeit eminent vergiftet und erhebliche Verwerfungen in der deutschen Kulturszene verursacht. Mit John McWhorter könnte man sagen: Hier ist die Stelle, an der in Deutschland die »Erwählten« zu finden sind. Genau hier gibt es die überhitzten moralischen Kämpfe, die auf andere so einschüchternd wirken, weil die Teilnehmer einander mit den härtesten Vorwürfen belegen – Zerstörer der Kunst- und Meinungsfreiheit nennen die einen, Antisemiten, mindestens Antizionisten die anderen ihre jeweiligen Gegner. Und nichts davon nützt denen, in deren Namen all das angeblich geschieht.

Nun haben Deutschland und Österreich, die Länder, die den millionenfachen Massenmord an den Juden, Sinti und Roma, Homosexuellen, Kranken, Kriegsgefangenen, osteuropäischen Zivilisten und Regimegegnern während des Zweiten Weltkriegs erdacht und ausgeführt

haben, in diesem Zusammenhang schon vorher be-
wusste Abstriche bei der Meinungsfreiheit gemacht: In
beiden Ländern gelten seit der Nachkriegszeit Gesetze,
die eine »nationalsozialistische Wiederbetätigung« (das
ist die österreichische Formulierung) verbieten und unter Strafe stellen; in Deutschland sind diese Delikte unter den Volksverhetzungsparagraphen extra ausgeführt.
In meinem Buch über den Prozess des Holocaustleug-
ners David Irving in London im Januar 2000 schrieb ich:
»Dass Irving in Deutschland und Österreich seine Paro-
len nirgends äußern, ja dass er nicht einmal mehr einreisen darf, scheint aufgrund der historischen Lasten und
Pflichten richtig, vielleicht nicht für immer, aber noch
eine gute Zeit lang. Dass er in den Vereinigten Staaten
predigen und hetzen darf und dafür von der Macht einer selbstbewussten und gut organisierten Zivilgesell-
schaft bestraft wird, ist nur gerecht und vielleicht die
beste Lösung unter vielen schlechten.« In dem Viertel-
jahrhundert, das seither beinahe vergangen ist, hat sich
daran vieles geändert – auch den Protest der Zivilge-
sellschaft sehe ich heute deutlich kritischer, da er sich
größtenteils ins Netz verlagert und damit seine Gestalt
monströs verändert hat. Solche Proteste sind so viel bil-
liger geworden, geradezu wertlos, *virtue signalling* zum
millionenfachen Mitklicken.

Gleichzeitig sind Verbotsgesetze nicht unbedeutender,
sondern im Gegenteil international zahlreicher gewor-

den. Eine kollektive globalisierte »Erinnerungspolitik« hat seit den Neunzigerjahren begonnen, die ideologischen Lücken zu füllen, die durch den Fall des Eisernen Vorhangs, das Ende der Blöcke und des Kalten Kriegs entstanden sind. Der große britisch-amerikanische Historiker Tony Judt bezeichnete die Anerkennung des Holocaust als »zeitgenössische europäische Eintrittskarte« für Bewerber in die Europäische Union; und es stimmt ja, dass der Westen von den osteuropäischen Beitrittskandidaten eine kritische Geschichtswissenschaft erwartete, in der Hoffnung, dass auf diesem Weg die notwendige gesellschaftliche Liberalisierung und Modernisierung nach vierzig Jahren Diktatur und Kommunismus eingeleitet würden (im Sinne der Gleichberechtigung der Frauen, Minderheitenrechte und der Offenheit für andere Lebensmodelle jenseits der heterosexuellen Ehe). Wie sehr das schiefgegangen ist, hat besonders der Politologe Ivan Krastev immer wieder hervorgehoben: Man habe von den postsozialistischen Ländern verlangt, sich einem vermeintlich idealen Westen maximal anzugleichen, und sie für alles geschulmeistert, was nicht sofort oder perfekt gelungen sei. Auf Seiten der Beitrittsländer sei eine enorme Frustration entstanden, aber auch die trotzige Kreativität, die Heucheleien des Westens mit dessen eigenen Mitteln zu enttarnen.

In diesen größeren Zusammenhang gehört auch die auffällige Zunahme von Gesetzen gegen Holocaustleugnung und angrenzende Themen seit der Jahrtausendwende. Die Europäische Union hat im Jahr 2008 sogar – entgegen den ernsten Warnungen vieler Historiker – allen Mitgliedstaaten solche Gesetze empfohlen. Dieses Kernthema des Westens wurde – und den Gedankengang verdanke ich hauptsächlich einem überzeugenden Vortrag der italienischen Semiotikerin Valentina Pisanty[31] – von den postsozialistischen Ländern zwar übernommen, jedoch auf eigene Weise ausgelegt.

Dass damit der Eindruck einer »verordneten« kollektiven Erinnerung geschaffen wird, die mit Strafgesetzen

31 Valentina Pisanty hielt ihren Vortrag im Rahmen der international hochkarätig besetzten Konferenz »Hijacking Memory« im Juni 2022 in Berlin. Diese Konferenz, die sich mit dem »Kapern« der Geschichte des Holocaust durch den Rechtspopulismus beschäftigte, wie es in vielen Ländern derzeit zu beobachten ist, wurde selbst zum Ziel von vehementen Antisemitismusvorwürfen, und zwar vorwiegend aus den rechtskonservativen deutschen Medien »Bild« und »Welt«. Was der Konferenz, einer Kooperation des »Zentrums für Antisemitismusforschung«, des Potsdamer »Einstein Forums« und des »Hauses der Kulturen der Welt«, widerfuhr, bestätigte also wie in einem Kippbild ihre eigene These. Bis auf einen solidarisierten sich alle der überwiegend jüdischen Redner der Konferenz mit den Veranstaltern – auch jene beiden jüdischen Vortragenden, die gegen den Beitrag des einzigen palästinensischen Kollegen inhaltlich protestiert hatten. Die Springer-Medien blieben bei ihrer haltlosen Darstellung: »Eine Bühne für Israel-Hass – mitten in Berlin«.

durchgesetzt werden muss, ist kaum zu leugnen – nun ja, auch die westliche Meinungsfreiheit hat eben ihre Grenzen, lautet der Subtext der Osteuropäer, die das inkonsistente Spiel durchschaut haben.

Einerseits können sich Holocaustleugner zu Märtyrern der Meinungsfreiheit und der »jüdischen Weltverschwörung« aufspielen, wie es etwa David Irving immer so lustvoll getan hat, der ausgerechnet in Österreich über ein Jahr ins Gefängnis kam – Österreich hatte damals, im Jahr 2006, politisch allen Grund, sich an dieser Stelle hart zu zeigen, da rechte Minister der Partei von Jörg Haider in der Regierungskoalition saßen. Andererseits werden, etwa in Polen, zunehmend »kritische« Historiker kujoniert.[32] Der Paragraph, wonach polnische Bürger nicht der Komplizenschaft beim Holocaust beschuldigt werden dürfen, ist über die polnischen Grenzen hinaus bekannt geworden; eine den Fakten widersprechende, rein politische Bestimmung. Dass diese Art von Strafgesetzgebung also auch zur Stärkung eigener nationaler Narrative missbraucht wird, versucht Valentina Pisanty bereits an den Formulierungen der einschlägigen Gesetzestexte zu belegen. Sie sind sprachlich oft so unbestimmt, dass sie zum Missbrauch, also zu ex-

32 Zuletzt Barbara Engelking, die Gründerin des Zentrums zur Erforschung des Holocaust in Warschau, an der Polnischen Akademie der Wissenschaften

zessiver Auslegung geradezu einladen: In Tschechien ist die Rede von »Zweifel säen«, in Litauen von »Trivialisierung«, in Slowenien davon, dass geschichtliche Fakten nicht »lächerlich gemacht« werden dürften.

Demokratischer Dissens soll und darf aber nicht mit dem Gesetzbuch unterdrückt werden, denn das führt automatisch zum Gegenteil von Klarheit. Einmal mehr stellt sich heraus, wie gefährlich es ist, Meinung mit Gesetzen regeln zu wollen, egal, wie ekelhaft diese Meinungen auch sein mögen – solche »weichen« Themen versperren sich von ihrer Natur her Abgrenzungen, indem sie immer filigranere juristische Auslege- und Folgefragen erzeugen. Selbst Gartenzäune haben schon zu Rechtshändeln geführt, wenn kleinste Zweige durch sie hindurchwachsen wollten. »Die Erinnerungspolitik ist gescheitert«, diagnostiziert Pisanty, denn sie habe inzwischen gegenteilige, schädliche Folgen und gehe Hand in Hand mit dem Vormarsch rechter und autoritärer Strömungen.

Dass die Digitalisierung das abwertende Schlagwort zu neuen Höhen geführt hat, spielt gerade auch für die Antisemitismus-Diskussionen eine Rolle; wie in einer Zeitschleife kehren Phänomene zurück, die weit primitiveren gesellschaftlichen Entwicklungsstufen anzugehören schienen. Auf der Basis von schwindelerregend komplexer Technik sind sie wieder da, der Pranger ebenso wie der Mob, nun in ihrer digitalen Form. Der unendliche Überfluss an Kommunikation führt zu einer Brachialvereinfachung an der Oberfläche, weil die Menschen ihrer Überforderung Herr werden müssen. Alles wird, über sämtliche Schmerz- und Vernunftsgrenzen hinweg, auf einen leicht fassbaren, meist stinkenden Kern heruntergebrochen. Typischerweise gibt es keine Emojis für Nazis, Rassisten oder, wie Putin, Erdoğan oder Ron DeSantis, LGBTQ-Hasser – das höchste der aggressiven Gefühle ist ein weiblicher Ninja, der auch als Taliban gelesen werden kann und der, soweit ich sehe, meistens humorvoll und besonders gern von Frauen benutzt wird. Böse Emojis sind aber auch alles, was fehlt. Denn die Digitalkommunikation gibt ja vor, auf der Ebene der Zeichen etwas anderes zu sein, als sie ist, ein Kosmos voller Herzen, applaudierender Hände und hochgereckter Daumen. »Nazi«, »Rassist«, »Frauenfeind«, »Antisemit« muss man schon weiterhin ausschreiben.

Über das Schimpfwort »Rassist« bemerkt John McWhorter: »In den USA von damals [1967, *Anm. EM*] hätten viele Weiße, die von solchen Leuten als Rassisten bezeichnet worden wären, wahrscheinlich nur einen Schluck von ihrem Cocktail genommen und gesagt: ›Das sehe ich aber gänzlich anders.‹ Oder: ›Fuck you!‹ Heute aber liegen die Dinge anders, und das hat ironischerweise mit dem Fortschritt zu tun. Inzwischen ergreift die meisten bei der Aussicht, als intolerante, vorurteilsbehaftete Menschen geoutet zu werden, ein hoffnungsloser Schauder, weswegen Third-Wave-Anti-rassisten immer am längeren Drücker sind, und zwar nur wegen dieser einen Waffe, über die sie verfügen.«

Die (westliche, demokratische) Gesellschaft ist durchaus weitergekommen im Anerkennen von Vorur-teil und Ressentiment, sie reagiert nun umso empfind-licher, analog zu den Minderheiten selbst, die mit der Verbesserung ihrer Lage üblicherweise *unzufriedener* werden. Denn sobald man von dem genossen hat, was einem vorher verwehrt war, will man mehr. Die Sozio-logen Nachtwey und Amlinger nennen das die »gegen-läufigen Effekte normativen Fortschritts«. So geht es heute den Frauen und den Homosexuellen in der west-lichen Welt, die, wenn man ihre Leidensgenossen von vor fünfzig Jahren fragen würde, im Paradies leben, nun aber auch kleinere Diskriminierungen thematisieren und mit Recht zurückweisen.

Hinzu tritt die Massenkommunikation: Je leichter es möglich ist, irgendetwas Schlimmes genannt zu wer-den, desto weniger will man es ertragen. Im heutigen Deutschland liegt McWhorters »hoffnungsloser Schau-der« jedenfalls an dieser Stelle, auf genau diesem hoch-empfindlichen Nerv: »Das ist doch antisemitisch!« Auf-grund der deutschen Geschichte ist »Antisemit« zum schier unerträglichen Vorwurf geworden, auch wenn es früher, analog zu McWhorters Beobachtung mit »Rassist« in den Siebzigerjahren in den USA, gar nicht so war. Einer meiner alten Lieblingswitze spielt auf einem Berliner Bahnhof. Ein Jude mit schweren Koffern spricht Passanten an: »Entschuldigung, sind Sie Antisemit?« Alle streiten das schockiert und empört ab, bis er schließlich doch ein Ehepaar findet, das aus voller Brust verkündet: »Ja, wir mögen keine Juden, und dazu stehen wir.« Der Fragende ist sehr erleichtert, er bittet die beiden, einen Moment auf seine Koffer aufzupassen, »denn Sie sind ehrliche Menschen«. Wahrscheinlich muss man mindestens in meinem Alter sein, um diesen Witz noch witzig zu finden. Mein Onkel Kurt Menasse, der nach seiner Vertreibung 1938 sieben Jahre später in englischer Uniform nach Österreich zurückkam und sich immer darüber lustig machte, dass man im Wien der Nachkriegszeit »keinen Nazi oder Antisemiten finden konnte, aber auch nicht einen einzigen«, fand ihn gut. Mein Onkel hat mir auch eine andere, in Wahrheit sehr banale Lebensweisheit mitgegeben, die heute allerdings das Potenzial zum Skandal, zumindest in der Twittersphäre, hätte: »Es muss auch blöde Juden geben.«

Die Unerträglichkeit des Antisemitismusvorwurfs hat – auch – mit der rasanten Verbreitung aller Vorwürfe zu tun; was früher einer am Stammtisch zum anderen gesagt hat, war noch nicht geeignet, dessen gesamten Ruf zu ruinieren. Heute steckt zumindest das Potenzial in jeder Twitter-Auseinandersetzung, auch noch Jahre später. Und die Unerträglichkeit des Vorwurfs führt automatisch zur Inflationierung – etwas, was wirklich wehtut, wird dann auch besonders gern angewandt, vor allem, wenn es einem selbst nicht schadet dank digitaler Abschussrampen. Und umgekehrt: Um bloß nicht Antisemit genannt zu werden, würden die meisten Deutschen fast alles tun, also schweigen sie auch zu fast jedem Unsinn. Unbehaglich und unklar beschämt hören sie den Klagen der Antisemitismusbeauftragten und der anderen Lautsprecher im Warn- und Betroffenheits-Business zu, die permanent den Eindruck erwecken, der Judenhass steige gerade in exorbitante Höhen an. Wer hier widerspricht und versucht, ein paar Dinge in den richtigen Maßstab zu rücken, wird mindestens auf die Seite der Antisemitismus-Verharmloser sortiert. Und trotzdem möchte ich darauf beharren: Alle Anstrengungen müssen sich gegen mörderische rechte Verschwörungen und den fürchterlichen Judenhass im Internet richten; sogenannter linker oder kultureller Antisemitismus ist nicht die Priorität, wenn es um Leib, Leben und Sicherheit geht. Aber die beiden Letzteren zählen symbolisch viel; man kann sich endlos darüber aufregen, ohne dass – wie es McWhorter für die amerikanische Rassismusdebatte sagt – es einen selbst etwas kostet oder den Juden in Deutschland hilft. Null oder eins, binär wie gehabt und nichts dazwischen. Und auch das – der Verlust einer seriösen wie thematisch gut eingearbeiteten akademischen Mitte – hat im diesbezüglichen Diskurs mit der BDS-Resolution zu tun.

Eineinhalb Jahre nach deren Verabschiedung, im Dezember 2020, rangen sich zwanzig bekannte Kultur- und Wissenschaftsinstitutionen zu einem Gang an die Öffentlichkeit durch. Sie nannten ihre Initiative »GG 5.3 Weltoffenheit«, nach dem entsprechenden Paragraphen des deutschen Grundgesetzes, und kritisierten eine dramatische Erschwernis ihrer Arbeit im Klima anschwellenden Verdachts. In Kulturvereinen und Museen verbrächten Praktikanten inzwischen »Zeit zu einem guten Teil damit, die Social-Media-Accounts der geladenen Künstler oder Theoretiker rückwirkend zu durchforsten. Nach Likes an falschen Stellen und nach potenziell belastenden Aussagen«, schrieb Catrin Lorch in der Süddeutschen Zeitung.[33] Die deutsch-amerikanische Philosophin Susan Neiman, als Direktorin des Potsdamer Einstein Forums Mitinitiatorin, sagte bei der Pressekonferenz von »GG 5.3 Weltoffenheit«: »Nach der Logik des BDS-Beschlusses würden weder Albert Einstein noch Hannah Arendt in Deutschland einen

33 Bekennt euch, Süddeutsche Zeitung vom 1. Juni 2022

Vortrag halten dürfen, weil sie beide, obwohl sie den Staat Israel unterstützt haben, extrem kritisch waren, was das Unrecht gegenüber den Palästinensern angeht.«

Obwohl sich in dieser Initiative also unter anderem das Goethe-Institut, der Deutsche Akademische Austauschdienst, das Wissenschaftskolleg, die Stiftung Humboldt Forum, das Zentrum für Antisemitismusforschung, das Haus der Kulturen der Welt und die Kulturstiftung des Bundes, dazu mehrere jüdisch ausgerichtete oder jüdisch geführte Institutionen wie das Einstein Forum oder das Moses Mendelssohn Zentrum zusammengeschlossen hatten, war der mediale Gegenwind erstaunlich negativ. Die Kommentatoren von sehr konservativ bis sehr links zeigten sich verständnislos bis ablehnend feindselig oder machten sich über die angeblich wehleidigen, aber gut bezahlten Kulturfunktionäre lustig. In der Folge attackierte der Antisemitismusbeauftragte der Bundesregierung, Felix Klein, in der »Berliner Zeitung« öffentlich die Jüdin Susan Neiman, schlossen sich 1500 zu einem erheblichen Teil jüdische oder israelische Künstler, Kuratoren und Wissenschaftler unter dem Titel eines James-Baldwin-Zitats (»Nothing can be changed until it is faced«) per offenem Brief den Kulturinstitutionen an, wurden diese Unterzeichnerinnen ebenso wie die Institutionen selbst im Zuge des bald danach ausbrechenden documenta-Skandals in Bausch und Bogen als BDS-Anhänger und Antisemiten bezeichnet, unter anderem genau von jenem dubiosen »Kasseler Bündnis gegen Antisemitismus«, das als Kronzeuge schon Monate vor der Eröffnung vor antisemitischen Kunstwerken gewarnt hatte ... Und so weiter und so unerfreulich.

Das mag ein wenig polemisch zusammengefasst sein; aber als dramatischer Folgeschaden bleibt bestehen, dass viele der hervorragenden Fachleute, über die Deutschland seit Jahrzehnten glücklicherweise verfügt, Holocaust- und Antisemitismusforscher ebenso wie Kuratoren mit internationaler, besonders Nahost-Erfahrung, seit der unseligen BDS-Resolution und ihrem Protest dagegen aus dem Spiel genommen sind. Hinweise auf »Weltoffenheit« (in manchen Kreisen schon zum Schimpfwort geworden) oder »Gegnerin der BDS-Resolution« (das wird in denunziatorischer Weise gegen die Grüne Claudia Roth angeführt, seit sie Kulturministerin wurde) genügen inzwischen, um Zögern und Besorgnis entstehen zu lassen: Man könnte ja von irgendwoher einen Antisemitismusvorwurf kassieren! Diese einfältigen, grobklotzigen Zuschreibungen, deren fatale Wirksamkeit direkt mit der hohen Infektiosität digitalen Verhaltens zusammenhängt, führen dazu, dass sich logische Verbündete plötzlich auf verschiedenen Seiten des Kampfplatzes wähnen. Gegnerschaften sind entstanden, die der Sache selbst, nämlich dem Bekämpfen des Antisemitismus, enorm schaden. So sagte der überaus Twitter-aktive Geschäftsführer des Zentralrates der Juden in Deutschland, Daniel Botmann, im Kulturausschuss des Bundestages laut Protokoll, dass »in jüdischen Kreisen bei der Erwähnung des Zentrums für Antisemitismusforschung gelegentlich die Endung -forschung wegfalle«. Vermutlich hat er sich dabei witzig gefühlt. Nebenbei hat er für eine verantwortungslose Pointe ein ganzes international angesehenes, seriöses und wissenschaftlich produktives Forschungsinstitut mitsamt all seinen Lehrenden, Forschenden und Mitarbeitern angeschwärzt. Im Kulturausschuss widersprach jedenfalls niemand, weil die Berufung auf »jüdische Kreise« Deutsche grundsätzlich zum Schweigen bringt. Von anderen jüdischen Kreisen war leider niemand anwesend.

Sind wirklich ein paar Kulturinstitutionen, die sich gegen eine diskussionswürdige Resolution gestellt haben, das Problem? Oder die Kulturministerin, die schwierige Abwägungen zwischen Antisemitismusbekämpfung und Kunstfreiheit zu treffen hat? Ist es das Zentrum für Antisemitismusforschung, das seit seiner Gründung in Deutschland die interessanten, für den Mainstream oft genug schmerzhaften Debatten angestoßen hat? Sollte es nicht vielmehr in gemeinsamer Anstrengung gegen jene gehen, die täglich Pläne schmieden, wie sie Juden, Muslime, Zuwanderer, Homosexuelle umbringen könnten?

Keine dieser hochgetunten digitalpublizistischen Schlachten hat einen klaren Bezug zur Lebenswirklichkeit oder Sicherheit von Juden in Deutschland. Und keine hilft gegen den latenten Antisemitismus, der in der deutschen Bevölkerung immer noch und weiterhin vorhanden ist. Denn die Judenfeindschaft im christlichen Abendland ist eine tief verwurzelte Tradition. Judenfeindliche Darstellungen gehören in ganz Europa zur Ikonographie der Kirche, es gibt auch in Deutschland weit mehr davon als nur die Judensau von Wittenberg.

Genau wie in den Vereinigten Staaten in Sachen Rassismus sind in den vergangenen Jahrzehnten aber auch hier gesellschaftliche Fortschritte gemacht worden, durch Aufklärung, Prävention und Bildung. Niemand muss mehr bei null anfangen, auch wenn die spontane Vermehrung der Antisemitismusbeauftragten diesen Schluss nahelegt. Die kollektive Sensibilität für Antisemitismus ist merkbar angestiegen, was nicht zuletzt die Hitze der derzeitigen Debatten sowie die Zunahme von Anzeigen antisemitischer Taten beweisen. Trotzdem besteht der Judenhass fort.

Aber genau deshalb muss man Unterschiede machen, anstatt alles in einen Topf zu rühren. Nicht jeder Antisemitismus ist gleich, also auch nicht gleich wichtig – hier enttarnt sich Felix Kleins Satz als Binsenwahrheit. Die verehrungswürdige Feuilletonistin Nele Pollatschek schrieb anlässlich der Antisemitismusvorwürfe auf der *documenta 15* einen sehr persönlichen Kommentar unter dem Titel »Der Preis, den man dafür zahlt, als Jude in Deutschland zu leben.«[34] Der Text beginnt mit einem Maler und Lackierer im Neckar-Odenwald-Kreis, der seiner Auftraggeberin gegenüber unerwartet eine antisemitische Bemerkung macht: »Menschen hassen die Juden, weil sie das ganze Geld haben.« Pollatschek beschreibt, wie sie ihn über ein paar historische Fakten aufklärt (dass Juden jahrhundertelang nur verpönte Berufe wie Geldverleiher ausüben durften, dass auch bettelarme Stetljuden in den Gaskammern starben), um ihn am Ende vorsichtig darauf hinzuweisen, dass er »wohl einem antisemitischen Klischee« aufgesessen sei. Sie schreibt, sie habe ihn keinesfalls als Antisemiten bezeichnen wollen, denn »Antisemit klingt nach schlechter Mensch, und Menschen werden aggressiv, wenn sie sich der Schlechtheit verdächtigt wähnen«. Deshalb die verständnisvolle Variante: »Subtext: Du bist nicht daran schuld, dass du gerade noch was dachtest, was für Juden tödlich ist.« Diese geglückte kleine Geschichte ist ein Lehrbeispiel dafür, wie man Ressentiments im privaten Rahmen richtig entgegentritt; sie haben oft mit Naivität und Unbildung zu tun. Diese kleine Geschichte beschreibt aber auch das glatte Gegenteil dessen, was pas-

34 Süddeutsche Zeitung vom 1. Juli 2022

siert wäre, wenn der Maler und Lackierer seinen Satz nicht in Pollatscheks Wohnzimmer, sondern im Internet geäußert hätte. Jede Wette, dass der gutaussehende S. seither ein richtiger, glühender Antisemit wäre, bei allem, was er dort zu hören bekommen hätte, von den flügelschlagenden »Guten« auf ihren turmhohen Rössern ebenso wie von den Bösen, den Zündlern und Antisemiten, die ihn gierig angefeuert hätten.

Und deshalb stimme ich mit dem Fortgang von Pollatscheks Essay ausnahmsweise nicht ganz überein. Sie blendet immer wieder zum Nationalsozialismus zurück, in Schleifen, die mir zu eng erscheinen: »Das Problem ist, dass es in mir auch eine Stimme gibt, die sagt: Viele wollten nicht paranoid sein in deiner Familie, ermorderseits. Diese Stimme nervt, und sie hat sechs Millionen Argumente.« Das ist recht ungenau, und das Argument mit den sechs Millionen wird mir hier zu schnell ausgespielt. Denn es gibt ja etwas zwischen einer lebensgefährlichen Vertrauensseligkeit einerseits und einer Paranoia andererseits, zum Beispiel die Analyse heutiger Verhältnisse im Vergleich mit 1933. Auf dieser Genauigkeit im Vergleich möchte ich doch bestehen.

Die Zahlen über den latenten Antisemitismus in Deutschland schwanken seit Jahren kaum, je nach Methode und Fragestellung zwischen zehn und fünfzehn Prozent, zusätzlich zu den fünf bis zehn Prozent Unkurierbaren, also Menschen mit einem geschlossenen antisemitischen Weltbild. Früher wollte ich gern (vertrauensselig?) glauben, dass unter den Latenten viele vom Schlage des oben genannten Malers und Lackierers seien, Menschen, die in Umfragen solche Sätze bejahen, wie er sie in der Arbeitspause aussprach – und die man also, wie es Nele Pollatschek getan hat, aufklären und einfangen könnte. Die jedenfalls nicht kurz davor stehen, Waffen zu horten und Menschen umzubringen. Inzwischen ist zu befürchten, dass sich viele von ihnen im Netz radikalisieren.

Auch eine andere Zahl hat sich seit vielen Jahren kaum verändert und taucht in jedem Verfassungsschutzbericht auf: Weiterhin werden rund neunzig Prozent aller antisemitischen Gewalttaten, also von Körperverletzung bis zum Mord, von deutschen Neonazis begangen. Dazu gehörte der versuchte Anschlag auf die Synagoge von Halle an der Saale zu Jom Kippur 2019, der nur mit riesigem Glück nicht in einem Massaker an Juden endete. Dieser Anschlag, dem zwar keine Juden, aber dennoch zwei Menschen zum Opfer fielen, beweist jedoch etwas anderes: Das rechtsradikale Weltbild dieses Täters wie aller vergleichbaren Amokläufer und Terroristen richtet sich gleichermaßen gegen Juden, Muslime, gegen Menschen mit anderen Hautfarben und anderer sexueller Orientierung sowie gegen alle, die auch nach Überzeugung der historischen Nazis »den Volkskörper«, ergänze: den reinen, weißen und gesunden, geschädigt hätten. Viele dieser Täter, auch jener von Halle, berufen sich auf den norwegischen Massenmörder Anders Behring Breivik. *Hier* muss die Grenze gezogen werden zwischen »uns« und »denen«, spätestens hier sollten die Orchideen-Debatten enden, ob Vaterjuden auch Juden sind oder ob es wichtiger ist, was orthodoxe Rabbiner dazu sagen. Ob die Juden vor den Deutschen ein zerstrittenes Bild lieber vermeiden sollten, oder ob man sich »automatisch« Antisemitismus ins Land holt, wenn man Künstler aus dem Globalen Süden einlädt. Und so richtig es ist, wissenschaftlich auf den definitorischen Unterschieden zwischen Antisemitismus und Rassismus zu bestehen, so wenig hilfreich ist diese Differenzierung in der politischen Arena, wenn es vielmehr darum gehen muss, Verbrechen an Unschuldigen zu verhindern. Im Verfassungsschutzbericht ist jedes Jahr nachzulesen, wo diese Gefahr herkommt, warum Synagogen, jüdische Einrichtungen wie Schulen und Buchhandlungen von der Polizei geschützt werden müssen.

War im Vergleich zu Halle, Hanau, NSU die monatelange Aufregung um die *documenta 15* wirklich gerechtfertigt, all die Rücktrittsaufforderungen bis hoch zur Kulturministerin, all die überschnappenden Forderungen, die ganze Kunstausstellung vorzeitig zu schließen, wegen »Antisemitismus aus Steuergeldern«? Zur gleichen Zeit, das ist inzwischen bekannt, sammelten echte deutsche Rechtsradikale, die sich Reichsbürger nennen, in großem Stil Waffen, um mindestens ein Blutbad im Bundestag anzurichten. Doch Ausmaß und Tonlage der Berichterstattung waren auffallend verschieden. Hier: der größte Antisemitismusskandal seit mindestens Jahrzehnten, ins Land getragen von ebenso primitiven wie unheilbaren Judenfeinden aus dem Globalen Süden. Da: bloß so ein schrulliger deutscher Adeliger im Tweedsakko, der lächerlicherweise einen Staatsstreich plante, der ohnehin nicht geglückt wäre.

Doch der überwiegende Anteil aller echten Gefahr, für Juden und alle, die von solchen Verbrechern als »anders« betrachtet werden, kommt von dort, Tweedsakko, Adelstitel oder Hooligan mit Springerstiefeln. Dass im Umkreis solcher Taten oft V-Männer des Staates zu finden sind, dass es ausgerechnet in Polizei und Bundeswehr regelmäßig zu krassen antisemitischen Vorfällen kommt, dass die NSU-Akten unter Verschluss sind und der Skandal der in einer Frankfurter Polizeiwache massenhaft abgefragten privaten Daten nicht restlos aufgeklärt ist – das alles passt immer ins selbe Bild. Auch der Mörder von Walter Lübcke war ein solcher völkischer Rechtsradikaler – er erschoss Lübcke auf dessen Terrasse, weil dieser die Aufnahme von Flüchtlingen in Deutschland mit Nächstenliebe und dem Grundgesetz verteidigt hatte. Dieser schockierende Mord wird nicht zu den antisemitischen Gewalttaten gezählt, obwohl er aus genau derselben Motivlage verübt wurde. Denn an diesem Punkt gehören alle diese Taten zusammen, die Morde des NSU, die Morde von Hanau, der Mord an Walter Lübcke, die Morde von Halle. Sein letztes Opfer erschoss der Hallenser Attentäter typischerweise im »Kiez-Döner«, weil der Mann schwarze Haare hatte. Wenn sie keine Juden finden, gehen sie auf die anderen los, oder umgekehrt. Auf diesem, dem urdeutschen Auge ist die aufgeregte deutsche Antisemitismusdebatte der letzten Jahre völlig blind, während um BDS, Weltoffenheit, documenta, JDA, IHRA und um was nicht alles gestritten wird. Am Ende ist nämlich meistens der Deutsche der Mörder.

Und daher ist Nele Pollatschek von Herzen zuzustimmen, wenn sie schreibt: »Die Gefahr an Antisemitismus ist nicht, dass er Gefühle verletzt, sondern dass er Leben kostet. Gefühle sind mir egal, ich möchte nur nicht ermordet werden.« Aber es fehlt doch etwas: Ich möchte auch nicht, dass andere Minderheiten ermordet werden, von Tätern mit genau demselben Weltbild.

X.

Vom Zauber der Unklarheit

»Religion? Ich bin Atheist. Jüdischer Nationalismus?
Ich bin Internationalist. Nach keiner dieser Bedeutungen
bin ich daher Jude. Wohl aber bin ich Jude kraft
meiner unbedingten Solidarität mit den Verfolgten und
Ausgerotteten. Ich bin Jude, weil ich die jüdische Tragödie
als meine eigene empfinde; weil ich den Pulsschlag der
jüdischen Geschichte spüre; weil ich mit allen Kräften dazu
beitragen möchte, etwas für die wirkliche und nicht die
trügerische Sicherheit und Selbstachtung der Juden zu tun.«
– Isaac Deutscher

Ich bin die Tochter eines jüdischen Vaters (geboren 1930 in Wien) und einer katholischen Mutter (geboren 1943 in Kalisch, Polen). Dass Vater und Onkel vor den Nazis hatten flüchten müssen, habe ich relativ spät erfahren; man hatte uns Kinder damit zu verschonen gehofft. Ich war ungefähr fünf Jahre alt, als mir meine Mutter, während sie meine Zehennägel schnitt, erzählte, dass mein Vater eine große Schwester gehabt habe, leider sei sie während des Krieges gestorben. Ich begann zu weinen – meine eigene Schwester war damals ein vergnügtes Baby, eine tote Schwester eine kaum erträgliche Bedrohung –, und mit weiteren traurigen Familiengeschichten war vorerst Schluss. Aber als ich viel später die jüdische Flucht- und Vertreibungsgeschichte endlich entdeckte, purzelten gleich noch ein paar andere hinterher.

Mein Vater und mein Onkel waren Ende 1938 mit einem sogenannten Kindertransport nach England geschickt worden; als es kaum Länder mehr gab, die noch Juden aufnahmen, ließen die Engländer in einer beispiellosen humanitären Aktion immerhin zehntausend jüdische Kinder einreisen und verteilten sie auf Pflegefamilien. Die meisten wurden durch den Holocaust zu Waisen, blieben in Großbritannien oder wanderten nach Israel oder Amerika weiter; mein Vater und mein Onkel gehörten zu den ganz seltenen »kinders«, deren Eltern überlebt hatten, sie kehrten nach Kriegsende nach Österreich zurück.

Anders als mein Vater erinnert sich meine Mutter nicht an ihre Flucht, sie war noch nicht einmal zwei. Was es darüber zu sagen gab, erfuhr ich von meiner polnischen Großmutter Elisabeth. Anfang 1945 flüchtete sie als Zweiunddreißigjährige mit ihren Kindern vor der Roten Armee, in einem Pferdewagen aus Posen nach Wien, wohin sich ihr Mann, ein schlesischer Österreicher, bereits durchgeschlagen hatte. Es war bitterkalt, die Straßen waren verstopft, man kennt die Bilder; meine Großmutter wurde die Erinnerung an eine Frau nie los, die auf dem Kutschbock erfroren war, junge Mutter wie sie selbst. Hinten im Wagen weinten deren

Kinder. »Aber von meinen fünf waren drei krank«, verteidigte sich meine Großmutter gegen ihre Selbstvorwürfe, »und im Wagen war kein Platz mehr.«

Dass die Menasse-Großeltern in Wien überlebt hatten, verdankte sich den Nürnberger Rassegesetzen genauso wie der Standhaftigkeit meiner anderen Großmutter Dolly. Aus Nazi-Sicht handelte es sich um eine »nicht-privilegierte Mischehe«, da die drei Kinder in der Wiener Jüdischen Kultusgemeinde registriert und damit Juden waren, in Nazisprache »Geltungsjuden«, den »Volljuden« »rassisch« gleichgestellt. Ursprünglich war Dolly eine Katholikin aus dem Sudetenland, aus der Kirche ausgetreten, aber nicht formell zum Judentum konvertiert. Das war damals, im ersten Drittel des zwanzigsten Jahrhunderts, nicht nötig, denn in Zeiten von gesellschaftlicher Liberalisierung und sich auflösender religiöser Bindungen waren die jüdischen Gemeinden froh um jedes Kind, das bei ihnen als jüdisch eingetragen wurde. Diese Art der Ehe kam damals in Wien nicht selten vor – jüdische Männer aus der Hauptstadt heirateten christliche Mädchen aus Böhmen oder Mähren. Aber die Kinder mussten natürlich Juden sein, die Religionszugehörigkeit richtete sich in patriarchalen Zeiten immer nach dem »Haushaltsvorstand«, dem Mann. Mit dem Anschluss an Hitler-Deutschland waren diese jüdischen Männer völlig entrechtet. Wie so viele nicht-jüdische Ehefrauen verweigerte auch meine Großmutter trotz erheblichen Drucks der Nazis die Scheidung[35] und ging mit ihrem Mann den ganzen bitteren Weg. Sie wurden von allen drei Kindern getrennt und wussten viele Jahre lang nichts von ihnen; erst zu Kriegsende erfuhren sie, dass die erstgeborene Tochter schon im August 1940 der Tuberkulose erlegen war. Sie mussten von einer jüdischen Sammelwohnung in die nächste ziehen, alle waren von außen mit einem »Judenstern« markiert, mein Großvater war »Sternträger« und Zwangsarbeiter. Mit Ausnahme der direkten Lebensgefahr bekam meine Großmutter also alles ab, die Stigmatisierung, den Verlust ihrer Kinder, die Vernichtung ihrer bürgerlichen Existenz. Wäre meine Großmutter während der harten Kriegsjahre durch Unfall oder Krankheit gestorben, hätte es das sofortige Todesurteil für meinen Großvater bedeutet.

Um die ganze Familiengeschichte besser zu verstehen, suchte ich später auch Dollys Neffen auf, mit dem sie bis zu ihrem Tod korrespondiert hatte. Er lebte in Bayern in einer der schlichten Siedlungen, die man nach dem Krieg für die eigenen Flüchtlinge hochgezo-

---

35 Umgekehrt nutzten nicht-jüdische Männer deutlich häufiger die Gelegenheit, unkompliziert ihre jüdischen Frauen loszuwerden, die damit dem Tod geweiht waren. Vgl. Martin Doerry: Mein verwundetes Herz. Das Leben der Lilly Jahn 1900–1944, sowie Maximilian Strnad: Privileg Mischehe? Handlungsräume »jüdisch versippter« Familien 1933–1949

gen hatte. Zum Glück war er keiner von den hartleibigen Sudetendeutschen, die ihre Vertreibung am liebsten losgelöst von jedem historischen Zusammenhang beklagen wollen. Die Gewalt und die Morde während der Vertreibung schilderte er bis ins Detail, aber er erzählte auch freimütig, dass er als Jugendlicher mit seinem Fahrrad zwanzig Kilometer gefahren sei, um in Freudenthal (heute Brúntal) Hitler zu sehen. Damals saß mein Onkel Kurt, sein direkter Cousin, mit dem er ungefähr gleichaltrig war und früher die Ferien verbracht hatte, vermutlich schon bei einem Londoner Schneider im Souterrain und lernte nähen. Mit acht oder zehn Jahren waren sie noch gemeinsam auf den Kirschbaum in dem kleinen Dorf geklettert, aus dem meine Großmutter stammte und in dem ihr Bruder geblieben war, und nur ein paar Jahre später ist der Sohn des einen Hitler-Anhänger, der Sohn der anderen hingegen, der wegen seiner glänzenden Schulnoten eigentlich Arzt hatte werden wollen, ein elternloses Flüchtlingskind. Wieder ein paar Jahre später kommt Letzterer als Befreier in englischer Uniform und mit mehreren Tapferkeitsorden zurück und dolmetscht bei den Verhören der alten Nazis, während der andere gerade als junger Nazi aus der Tschechoslowakei vertrieben wird.

Aus all diesem Stoff schrieb ich meinen ersten Roman »Vienna«, der vorwiegend als »jüdischer Familienroman« rezipiert wurde. Im Klappentext war von einer »halb jüdischen, halb katholischen Familie« die Rede, aber das änderte wenig. Ich hatte unter anderem eine große Lesung im Jüdischen Museum in Berlin; ich wurde hierhin und dahin eingeladen, gewissermaßen als jüdische Stimme, zu jüdischen Themen und Kultur- und Literaturtagen, die es zahlreich in Deutschland gibt; schließlich wollte mich ein deutsch-jüdischer Reporter und Filmemacher interviewen, weil er eine Doku über »junge deutsche Juden heute« drehte. Ich sagte ihm schon am Telefon, dass ich doch in keine der beiden Schubladen passte, auch gar nicht religiös sei, er wollte mich trotzdem treffen. Er kam, baute seine Kamera, sein Licht und seine Mikrophone auf und stellte die erste Frage: »Wie geht es Ihnen als junge deutsche Jüdin mit diesem Land?«

Ich brach sofort ab, obwohl ich mich deswegen etwas zickig fühlte. Wir diskutierten ein paar Minuten lang und einigten uns auf eine andere Einstiegsfrage. Ich erinnere mich nicht, was von dem Interview verwendet wurde und ob ich den Film je gesehen habe. Aber dieser Mann, der über all diese Themen – Juden, Holocaust, Antisemitismus, Israel – schon eine ganze Reihe Bücher und Zeitungsartikel geschrieben und Filme gedreht hatte, sagte mir damals, ich müsste doch bitte auch in Betracht ziehen, wie ich von außen gesehen würde: »Bei Ihrem Namen, bei Ihren Themen!« Diesen Gedanken fand ich überraschend, neu und, ja, auch ein wenig erleichternd. Ich lebte erst seit kurzem in Deutschland, wo diese Dinge komplizierter sind als in Österreich und deshalb einfacher gemacht werden müssen. Als Journalistin und Historikerin hatte ich über all diese Themen schon geschrieben, mein erstes Buch handelte vom Holocaustleugner David Irving und dem Prozess, den er gegen seine Kritiker anstrengte. Und nun wollte ich entsprechen, es gab nur noch so wenige Juden, und noch viel weniger, die darüber Romane schrieben. Der Filmemacher und ich wurden Freunde; die Freundschaft hielt bis zur *documenta 15*.

In »Vienna« gibt es ein Kapitel über eine Selbsthilfegruppe, »Mischlinge 2000«. Alles an diesem Kapitel ist erfunden, nur die Sache, um die es geht, ist ganz die meine: »Mein Bruder wusste aus eigener Erfahrung, dass es die mit den dezidiert jüdischen Namen meistens schwerer hatten. Sie hießen wie Juden, weil sie die Namen ihrer Väter trugen, sie wurden wegen des Namens öffentlich als solche angesehen und fühlten sich als Juden, aber bei den Juden durften sie keine Juden sein, weil sie keine jüdischen Mütter hatten. Dagegen trugen die anderen, die mit den jüdischen Müttern, die ohne großen Aufwand in die Kultusgemeinde eintreten hätten können, meist völlig unjüdische, ländlich-bäuerliche Namen wie Zembacher, Hochleitner oder Niederreiter und konnten [...] den Kopf einziehen und unerkannt bleiben.«

Mein Vater war bereits über siebzig, als er sich zu fragen begann, ob er denn wirklich hätte allein in der Fremde aufwachsen müssen; irgendwelche Besserwisser hatten in ihm Zweifel geweckt – »Deine Mutter war doch gar keine Jüdin – wieso bist du eigentlich geflüchtet?«. Wir gingen gemeinsam in das Matrikelamt der Wiener Kultusgemeinde und ließen uns sein Judentum bestätigen, ließen uns seinen Eintrag und den seiner Geschwister zeigen, und wir erfuhren, dass es diese Konstellation vieltausendfach gegeben hatte – jüdische Kinder von nicht-jüdischen Müttern, die sowohl vor wie unter den Nazis Juden waren, aber später keine mehr sein sollten.

In den letzten Jahren, gleichzeitig mit den verschärften Debatten, wurden die Zuschreibungen von außen unangenehmer und übergriffiger. Zuerst geschahen zwei Dinge, die es so bisher nicht gegeben hatte, weil sie beinahe eine Art Tabu gewesen waren. Erstens, auch »post-arische Deutsche«[36] stritten sich nun öffentlich mit Juden über »ihre« Themen. Zweitens, Juden in Deutschland stritten öffentlich miteinander

---

36 Diese Sprachschöpfung des Historikers Per Leo ist deshalb
   so hilfreich, weil sie Fairness und Zeitbezug herstellt.
   Juden sind immer Juden, damals wie heute. Aber dieser neue
   Begriff vermeidet für die Gegenwart die Hilfskonstruktion
   »nicht-jüdisch«, dessen wahre Entsprechung damals ja
   das herrische und mörderische »arisch« war.

weit mehr und härter als früher; die alte Regel, das lieber hinter verschlossenen Türen zu tun, um »den Gojim kein Schauspiel zu bieten«, verlor ihre Wirksamkeit. Das könnten eigentlich gute Nachrichten sein – von einem universalistischen Standpunkt aus, der dem besseren Argument gegenüber einer bestimmten, zufälligen Identität immer den Vorzug geben würde. Aber inzwischen hatte die Digitalmoderne voll eingesetzt, und mit ihr der Glauben an die Identitätspolitik: Die eine ist die Nährlösung der anderen.

Man könnte nun einwenden, dass genau bei diesem Themenkomplex die Identitätspolitik bereits wirksam war, bevor sie überhaupt so hieß – bei den jüdisch-deutschen Themen ging es seit Jahrzehnten identitätspolitisch zu, weil Deutsche zwar nicht in der Wissenschaft, aber in der öffentlichen Debatte aus guten Gründen einen Riesenbogen um alle jüdischen Themen machten. Und manche Juden waren auch davon genervt, dass sie in diesem Land zu »Juden von Beruf« gemacht wurden, weil man sie bei allen einschlägigen Fragen um Kommentar bat; auch Bücher zur Erinnerungskultur, zum Nahostkonflikt etc. vergaben Redaktionen am liebsten an jüdische Rezensenten. Andere, wie Henryk M. Broder und Maxim Biller, füllten genau diese Rolle gern aus, polemisch und platzgreifend. Vor zehn Jahren noch hätte ich geglaubt, dass sich das langsam lockern müsste, dieses Zehenspitzenballett, in dem das höchste der Gefühle eine Meinungsverschiedenheit zwischen Michael Wolfssohn und Ralph Giordano oder ein Streitgespräch zwischen Biller und Broder war; Letzteres immer noch ein Highlight aus Geweihschau, Verzweiflung, Witz und Schlagfertigkeit.[37] Aber das war, wie so vieles, ein Irrtum. Die Entwicklung ging in die andere Richtung, wie überall sonst ist auch hier der Ton fast unerträglich scharf, verletzend, abwertend geworden. Und gleichzeitig reibt man sich die Augen, aus welchen Richtungen inzwischen welche Vorwürfe kommen und auf wen sie zielen – als hätte ein Tornado die bisher üblichen, vormals fest einzementierten Sprecherpositionen durcheinandergewirbelt.

Antideutsche (also ehemalige Linksradikale in unkritischer Israelverehrung) zögern genauso wenig wie rechtskonservative post-arische Kommentatoren von »FAZ«, »Welt« und »Bild«, wenn es darum geht, Juden öffentlich Antisemitismusverharmloser, Antizionisten, ahnungslos oder »selbsthassend« zu nennen – weil sie besatzungskritisch sind, weil ihnen die Jagd nach »kulturellem Antisemitismus« zu weit geht, weil sie sich nicht von Alarmisten vereinnahmen lassen wollen, weil sie politisch viel liberaler denken als etwa der derzeit sehr konservative und ängstlich-aggressive Zentralrat.

37 SZ-Magazin vom 10. Dezember 2009

Man zögert auch nicht, liberalen Juden – etwa in den sozialen Netzwerken – das »richtige Jüdischsein« abzusprechen, aber davon gleich mehr.

Junge Jüdinnen und Juden, die etwa in der Jüdischen Studierendenunion organisiert sind, wollen nun erwartbarerweise genauso ihr Stück vom Identitätskuchen abhaben wie die anderen Minderheiten, deswegen entdecken sie in jahrealten Theaterstücken Antisemitismus, denunzieren missliebige Dozenten und bedienen die Klaviatur des vorwurfsvoll-angriffslustigen Opfertums – bei ihnen erkennt man die Bezüge zum typisch digitalen Verhalten am deutlichsten, gerade auch in der Humorlosigkeit.

Und die vielen neuen Antisemitismusbeauftragten in Deutschland sind ohnehin ein bunter Zoo. Unter ihnen gibt es solche mit Nähe zu den Evangelikalen (in den USA sind die Evangelikalen vehemente und potente Unterstützer der radikalen israelischen Siedlerbewegung), solche, die – als deutsche Beamte! – Fotos von sich in israelischer Polizeiuniform twittern, solche, die Jiddisch als Minderheitensprache anerkennen wollen[38] und sich

---

38 Die Anzahl der Sprecher in Deutschland ging bis vor kurzem gegen null, allerdings gibt es inzwischen in Berlin-Kreuzberg eine Gruppe junger Israelis und jüdischer Nordamerikaner, die Jiddisch wieder pflegt bzw. neu erlernt. Sie haben üblicherweise keine großen Berührungspunkte mit Antisemitismusbeauftragten und halten deren Existenz für typisch deutsche Folklore.

auf Twitter mit sehr linken jüdischen Gruppen in einer Unflätigkeit fetzen, als wollten sie die Thesen dieses Essays unterstützen. Es gibt unter ihnen solche, die angeblich antisemitisch kontaminierte Berliner Straßennamen wie den Olof-Palme-Platz oder die Fontanestraße dringend umbenennen wollen, und es gibt den Bundesbeauftragten, der sich mit einem typisch deutschen Krampf-Satz unsterblich gemacht hat: »Politisch eher links stehende Israelis« mögen doch bitte »eine gewisse Sensibilität für die historische deutsche Verantwortung haben«.

Bisher sollten die neuen Antisemitismusbeauftragten – ebenso übrigens wie die alten Antisemitismusforscher, die im starken Gegensatz zu den oft irgendwo herbeigecasteten Beauftragten über wissenschaftliche Expertise verfügen – mit Bedacht keine Juden sein; der Antisemitismus ist eine Störung der Gojim, so sagten es die Juden, und so nahmen es die Deutschen nach ihrem Menschheitsverbrechen an.

Aber auch das ändert sich folgerichtig unter den Auspizien der Identitätspolitik – wer selbst kein Jude sei, könne nicht wissen, wie man sich als solcher fühlt, lautet nun ein beliebter Satz, der sich einerseits schwer widerlegen lässt. Andererseits widerspricht dieser Satz allen Annahmen von Empathie und Erfahrungstransfer, auf denen Zivilisation beruht. An dieser Stelle erweist sich die Identitätspolitik als gefährliche Gegnerin des Universalismus. Oder anders, einfacher und noch mal in Übereinstimmung mit Nele Pollatschek gesagt: Es darf nicht um individuelle Gefühle gehen, es muss um Regeln gehen, die für alle gelten.

Aber so läuft es eben gerade nicht. Vielmehr erscheint nun manchen Post-Ariern, die sich der jüdisch-deutschen Versöhnung verschrieben haben, die Konversion zum Judentum als nächster logischer (oder emotionaler?) Schritt. Viele von ihnen engagierten sich bisher in den deutsch-israelischen Gesellschaften und fühlen den Drang, sich dem Objekt ihrer Zuneigung noch stärker anzuverwandeln. Sie wollen die deutsch-israelische Gesellschaft gewissermaßen *sein,* in einem einzigen Körper, auch das möglicherweise eine weitere Ableitung des *eitlen Ichs.* Genau an der Stelle, an der deutschsprachige Juden üblicherweise einen Riss verspüren, drängt es sie zur künstlichen Verschmelzung.

Einer von ihnen ist kürzlich zuerst Jude, dann Antisemitismusbeauftragter geworden und wirft nun allen geborenen Juden, die nicht seiner Meinung oder der Meinung des Zentralrats sind, öffentlich vor, weit entfernt von »der jüdischen Realität« zu stehen – einer Realität, die er selbst erst seit kurzem kennt. Trotzdem führt er, wie der hochkomische, frisch konvertierte Zahnarzt in der amerikanischen Kultserie »Seinfeld«,[39] die drei- oder fünftausend Jahre jüdischer Verfolgungsgeschichte so leichtgängig im Mund, als wären es seine eigenen. Was sich übrigens für niemanden so recht schickt, wie mir scheinen will, ob jüdisch oder nicht.

Der neue allgegenwärtige Legitimations- und Definitionsdruck wird auch von der anderen Seite betrieben. Deutsche Juden diskutieren nun öffentlich die Stammbäume anderer Juden, als hätte es in diesem Land niemals Ahnenpässe gegeben: sie tun das, um ihre Gegner der unzureichenden Jüdischkeit zu überführen, was gleichbedeutend sein soll mit Delegitimierung in der Debatte. Vaterjüdinnen breiten auf vielen Magazinseiten ihre erfolgreichen Übertrittsgeschichten aus. Damit setzen sie neue, uralte Maßstäbe. Es ist der geschichtsblinde Versuch, (wieder) klare Grenzen zu ziehen zwischen »echt jüdisch« und »nicht richtig jüdisch«. Für eine Religionsgemeinschaft ist das in Ordnung. Aber in Deutschland werden die Juden niemals mehr einfach nur eine Religionsgemeinschaft sein kön-

---

39 Doch, das Internet hat auch gute, hilfreiche Seiten. Diese gehört zum Lockerlachen unbedingt dazu: einfach bei Youtube die Schlagwörter »Seinfeld Tim Whatley I'm a Jew« eingeben (3:50 Min.) – am lustigsten ist die zufällige, aber frappante physiognomische Ähnlichkeit des konvertierten Serien-Zahnarztes mit jenem konvertierten Antisemitismusbeauftragten.

nen. Die so denken, ignorieren völlig, worauf die Vernichtungsleidenschaft der Nazis allzeit beruhte: auf Zuschreibung, auf der Metaphysik des gesunden »Volkskörpers«, auf der Unlogik und Willkür von Mördern. In den Gaskammern, in den Lagern, in den Erschießungsgruben Osteuropas starben Menschen, die gläubig oder ungläubig, säkular oder orthodox, reich oder arm waren, es starben »Volljuden« und »Mischlinge« ersten und zweiten Grades ebenso wie solche, die nicht einmal gewusst hatten, dass sie Juden waren. Und es starben auch Millionen andere, aus anderen rassistischen oder politischen Gründen, während Menschen wie mein Großvater Richard Menasse glaubten, sich retten zu können, indem sie noch schnell irgendwo eine Nottaufe erlangten. Es hat ihm nichts genützt, er durfte dennoch nicht mehr ausreisen. Immerhin sein Leben gerettet hat – willkürliche Nazi-Regel – die »Arierin«, die sich nicht scheiden ließ. Und die deshalb keineswegs mein Abstammungsmakel ist.

Warum erzähle ich das alles? Wahrscheinlich nur, um mir selbst klarzumachen, wie fragil und veränderlich das Konstrukt Identität ist. Wie komplex und schwer zu entwirren, wie geheimnisvoll und fruchtbar, wie gefährlich und neurotisierend. Kein Maßstab ist hierfür passend, es gibt keinen Urmeter und keine Atomzeit. Daher ist es nicht nur anmaßend, sondern auch dumm, wenn sich andere daran vergreifen,[40] weil sie sortieren wollen, was sich in den Grenzbereichen eben niemals sicher sortieren lässt.

Wählt man sich also die Themen seines Lebens, oder wird man von ihnen gewählt? Meine beiden Geschwister haben aus den verschiedenen Identitätsangeboten, die sie genau wie ich vorfanden, jeweils etwas ganz anderes gemacht. Mein Bruder, der Schriftsteller werden wollte, seit ich mich erinnern kann, hat über so vieles geschrieben, auch über jüdische Themen wie im Roman »Die Vertreibung aus der Hölle«, aber nicht über unsere Familiengeschichte. Als ich sie mir für mein Romanprojekt einfach aneignete, hatte ich trotzdem ein schlechtes Gewissen. Meine Schwester hat sich, was Religion betrifft, als einzige ernsthaft entschieden, indem sie alles beibehielt: sie trat nicht, wie ich, so schnell wie möglich aus Religionsunterricht und Kirche aus, ihre Kinder sind getauft und werden katholisch erzogen.

Lange dachte ich, ich könnte diesen investigativen Fragen nach Zuordnung einfach entgehen. Ich sagte mal dies und mal das, nichts davon war ganz wahr oder ganz falsch (von »Zwischen den Stühlen, da lernt man viel« bis »Man nimmt sich, was man brauchen kann«).

40 Maxim Biller: Partisanenlieder, ZEIT vom 11. August 2021
   und: Wie links ist Eva Menasse?, Süddeutsche Zeitung vom
   23. Juli 2022

Dann legte ich mir eine neue Antwort zurecht: »Identität? Danke, ich habe eine.« Doch im heißen documenta-Sommer 2022 war der Rechtfertigungsdruck auch bei mir angekommen. Zum ersten Mal nahm ich Einfluss auf meine Autorenzeile, als ich zu einem Kommentar für das Nachrichtenmagazin »Der Spiegel« eingeladen wurde. Ich fügte dem Üblichen, Geburtsjahr, Beruf, jüngster Buchtitel, noch einen Satz an: »Sie schreibt seit Jahrzehnten über NS-Geschichte, Shoah und Antisemitismus.« Postwendend kam aus der Chefredaktion der Vorschlag, zusätzlich meine Urgroßmutter zu erwähnen, die 1942 in Theresienstadt an den Misshandlungen gestorben war. An diesem Ansinnen war wirklich alles falsch, aber endlich lag der Denkfehler klar zutage. Altmodisch wollte ich mit meiner Expertise, die Spiegel-Chefredaktion jedoch identitätspolitisch mit dem symbolischen Kapital eines Opfers argumentieren, das ich nicht kannte und mein Vater kaum, von dem ich bloß abstamme, mit zwei Generationen dazwischen. Als ich unfreundlich ablehnte, tauschten sie das Autorenfoto aus und nahmen eins mit Davidstern. Das war zumindest ich.

Ein Roman, den ich ganz besonders bewundere, heißt »Die Fliegenfängerfabrik« und stammt vom polnischen Schriftsteller Andrzej Bart. Es ist ein rätselhaftes, ergreifendes Kunstwerk, dessen überragende moralische Intelligenz sich nur schwer nacherzählen lässt. Die Handlung ist eine Versuchsanordnung gegen die Zwänge von Zeit und Raum. In einer Fabrik kommen die Geister der Ermordeten und der Überlebenden des Ghettos von Łódź zusammen, in dem zeitweise über hundertfünfzigtausend Menschen lebten und für die Rüstungsindustrie der Nazis schufteten. Ein Teil von ihnen führt nun vor den Augen der anderen ein Theaterstück auf, das unversehens in einen Gerichtsprozess kippt, angeklagt ist der damalige Vorsitzende des Judenrats, Chaim Rumkowski, der mit Frau und Sohn in der ersten Reihe sitzt. Der historische Rumkowski kollaborierte auf eine Weise mit den Nazis, die einem heute die Haare zu Berge stehen lässt: Er stellte die Listen für mehrere Deportationen in das Vernichtungslager Chełmno zusammen, im September 1942 sollte er alle Kinder des Ghettos auf einmal ausliefern und tat es, er überredete die Eltern dazu, in der Hoffnung, den Rest der Einwohner vor der Ermordung bewahren zu können. Von seiner damaligen Ansprache ist ein Tondokument erhalten: »Ich bin wie ein Räuber zu euch gekommen, um euch das zu nehmen, was euch am meisten am Herzen liegt.« Rumkowski lieferte also Rüstungsgüter und er lieferte, weil die Nazis es verlangten, Tausende Menschen, darunter alle jüdischen Kinder, aus. Er soll selbstherrlich und brutal agiert, es soll Fälle von sexuellem Missbrauch gegeben haben, aber er richtete im Ghetto auch Schulen und Krankenhäuser, Polizei- und Postdienst ein. Alles geschah in der Hoffnung, einen Teil seiner Leute retten zu können. Doch es misslang, am Ende, im August 1944 nach der Auflösung des Ghettos, wurde auch er in Auschwitz ermordet. Andrzej Barts Roman erzählt von der Unmöglichkeit, Schuld oder Unschuld in dieser extremen Lage zu definieren, denn Rumkowski war zweifellos ein Produkt der Nazigewalt. Ohne die Deutschen wäre er niemals in diese fatale Rolle gekommen. Aber wenn die Rote Armee die Stadt nur etwas früher eingenommen und so die letzten neunzigtausend Ghettobewohner vor der Vernichtung bewahrt hätte, wäre Rumkowski seither gewiss ein Held.

Unter all den Geistern der Ermordeten, die im Theater sprechen, gibt es welche, die ihm niemals verzeihen werden, dass sie im Moment des Todes nicht bei ihren Kindern sein durften. Und es gibt Kinderlose, die dankbar von fast eineinhalb Jahren Leben sprechen, die ihnen nach der Auslieferung der Kinder im Ghetto noch blieben, denn das kann lange sein im Leben von Todgeweihten.

An diesen großen Roman und seine kluge moralische Chiffre musste ich denken, als der »Spiegel« *den Tod meiner Urgroßmutter benutzen wollte, um meine Meinung zu rechtfertigen, um sich selbst zu rechtfertigen, um mich vor Anfeindungen zu schützen, als sie mal wieder einfach nicht nachdachten, als sie mal wieder voll auf den*

Opferkitsch setzten, als sie alles richtig machten, indem sie zeigen wollten, dass auch Menschen aus Opferfamilien nicht alle derselben Meinung … – alles Kursive stelle ich zur Diskussion, denn ich weiß auch hier nicht, ob es ein *richtig* überhaupt gibt. Berta Menasse, gestorben wenige Tage vor ihrem einundachtzigsten Geburtstag auf einem der heißen Dachböden in Theresienstadt, wo man die an Typhus leidenden Alten sich selbst überließ: Was hätte sie über die zwanzig Jahre alten antisemitischen Karikaturen auf dem indonesischen Stoffbanner von Taring Padi gesagt? Eva, zünd es an? Verlass das Land, die Deutschen ändern sich nicht? Sei gnädig, im Vergleich zu damals lebst du im Paradies?

Ich kann sie nicht fragen, nur in Romanen kann man die Zeitgebundenheit auflösen, Berta kann nicht in mein Leben hineinregieren und ich nicht in ihres, obwohl wir es beide wahrscheinlich gern würden. Und deshalb benutze ich ihr Schicksal nicht als Joker. Ihr schandbarer, erbärmlicher Tod geht mir nicht mehr oder weniger nahe als die Kinder von Łódź, die in ihren besten Kleidern auf die Lastwagen in Richtung Gaskammern gehoben wurden. Nicht näher oder weniger nah als so vieles andere auch, Anne Frank, Janusz Korczak. Und ich bin überzeugt, dass ich das mit allen post-arischen Deutschen gemeinsam habe, die sich mit diesen Themen ernsthaft beschäftigt haben, und ebenso mit den Gutwilligen unter den Ungebildeten, sobald man ihnen davon erzählt. Was würde Nele Pollatscheks Maler und Anstreicher dazu sagen?

Es geht nicht um Blut, es geht nicht um Genealogie, es geht um das Heute und das weltoffene, kompromissbereite Miteinander, das zu bewältigen offenbar immer schlechter gelingt. Gerade weil wir an der Schwelle stehen, die Erinnerung an die Nazi-Verbrechen ohne die letzten Zeitzeugen bewahren und in die Zukunft tragen zu müssen, wäre es fast achtzig Jahre nach Kriegsende langsam an der Zeit, heutige Debattenteilnehmer nicht mehr in die Nachfahren von Täter- und Opferfamilien einzuteilen. Das braucht es nicht mehr zur Beglaubigung einer seriösen Position. Das Verbrechen an meiner Urgroßmutter *stützt* irgendeine meiner heutigen Meinungen genauso wenig, wie es sie *entwertet*, dass ihre Schwiegertochter, meine Großmutter Dolly, nicht ordnungsgemäß konvertiert ist. Über diese lange Zeitspanne sollten andere Kriterien wichtiger geworden sein, historische Expertise, moralische Standfestigkeit, Sorgfalt, Gelassenheit und die Fähigkeit, auch andere begründete Meinungen ohne Empörung gelten zu lassen.

Das schiere Gegenteil ist der Fall: Die digitale Massenkommunikation führt die Eindeutigkeit, die sie zum Herrschen braucht, notfalls mit Gewalt herbei. Sie weist Menschen ihre Rollen und ihre Identitäten gegen deren Willen zu und schneidet ihnen die Vieldeutigkeit, ihre ungeordnete, ausgefranste Menschlichkeit ab. Sie besteht auf Schlagwort, Stichwort, Auffindbarkeit, Berechenbarkeit; mit einem genialen Begriff von Steffen Mau wird sie zur »Sortiermaschine«, zieht ganz neue, fast unüberwindliche Grenzen und schreibt diese für alle Ewigkeit fest. Der Zustand der deutschen Antisemitismusdebatte kann pars pro toto für die anderen Debatten stehen; das, was man sieht, ist nicht, was ist, es ist jedenfalls nicht alles, es ist die Reduktion auf eine bösartige Karikatur. Die rasende Geschwindigkeit in allen Dimensionen (rückblickend, vorausberechnend, die Gegenwart vermessend), der die Menschheit sich ergeben hat, führt zur maximalen Unerbittlichkeit; immer mehr wird verhindert, bevor es überhaupt stattgefunden hat, da gewiss irgendjemand in den Darmzotten der digitalen Gottheit etwas Negatives, »Problematisches« ausgegraben hat. Wir wären glücklicher und friedlicher, wenn wir nicht immer alles wissen wollten.

Dabei gibt es ohne Zweifel die analoge Welt noch. Dort stinken die Mülltonnen und müssen die Nabelschnüre Neugeborener händisch von Erwachsenen durchschnitten werden. Früchte reifen ohne Zutun und verfaulen wieder, Vulkane brechen aus, Wüsten entstehen, Gletscher vergehen. Es gibt dort draußen Blut und Tränen, Schimmel, Lärm, Vogelgesang und Erdbeben. Es gibt echten Zufall, spontane Liebe, unaufklärbare Verbrechen, Mutationen und Geheimnisse. Und es gibt den Tasmanischen Teufel, ein ungeheuer neugieriges und temperamentvolles Beuteltier. Wenn er wütend wird – und das wird er oft –, färben sich ihm die Ohren rot, er kreischt, knurrt und stinkt, daher hat er den Namen. Nun aber ist er vom Aussterben bedroht. Zu seinem Liebesspiel gehört, dass die Partner einander ins Gesicht beißen. Und ausgerechnet hier, bei jenem Ritual, das der Fortpflanzung dient, stecken sie einander neuerdings mit einem tödlichen Gesichtskrebs an. Niemand hat bisher ein Gegenmittel gefunden; erschwerend kommt hinzu, dass die genetische Vielfalt inzwischen gering ist. Die Teufel sind einander zu ähnlich geworden, das hat sie so anfällig gemacht, die Nähe und das Gift rufen in ihren Gesichtern die schauerlichsten Geschwüre hervor, völlig entstellt erkennen sie einander noch immer, begehren und beißen sie einander noch immer, aber bevor sie sich vermehrt haben, sterben sie – ein Naturschauspiel.

Mit großem, bewunderndem Dank an die »Hobbits« – für Freundschaft und unschätzbaren Input.

Literaturverzeichnis

Amlinger, Carolin & Oliver Nachtwey: Gekränkte Freiheit. Aspekte des libertären Autoritarismus, Suhrkamp 2022

Bart, Andrzej: Die Fliegenfängerfabrik, Schöffling & Co. 2011

Dick, Kay: Sie. Szenen des Unbehagens, Hoffmann und Campe 2022

Doerry, Martin: Mein verwundetes Herz. Das Leben der Lilli Jahn 1900–1944, DVA 2002

Krastev, Ivan: Europadämmerung, Suhrkamp 2017

Krastev, Ivan & Stephen Holmes: Das Licht, das erlosch. Eine Abrechnung, Ullstein 2019

Lanier, Jaron: Warum die Zukunft uns noch braucht, Suhrkamp 2010

Leo, Per: Tränen ohne Trauer, Klett-Cotta 2021

Mau, Steffen: Sortiermaschinen. Die Neuerfindung der Grenze im 21. Jahrhundert, C. H. Beck 2022

McWhorter: Die Erwählten. Wie der neue Antirassismus die Gesellschaft spaltet, Hoffmann und Campe 2022

Pfaller, Robert: Die blitzenden Waffen. Über die Macht der Form, S. Fischer 2020

Pörksen, Bernhard: Die große Gereiztheit. Wege aus der kollektiven Erregung, Hanser 2019

Showalter, Elaine: Hystorien – Hysterische Epidemien im Zeitalter der Medien, Berlin Verlag 1997

Strnad, Maximilian: Privileg Mischehe? Handlungsräume »jüdisch versippter« Familien 1933–1949, Hamburg 2021

Walser, Martin: Vormittag eines Schriftstellers, Suhrkamp 1996

Inhalt

Eva Menasse entwirft ein großes Geschichtspanorama am Beispiel
einer kleinen Stadt, die immer wieder zum Schauplatz der Welt-
politik wird, und erzählt vom Umgang der Bewohner mit einer
historischen Schuld. »Dunkelblum« ist ein schaurig-komisches
Epos über die Wunden in der Landschaft und den Seelen der
Menschen, die, anders als die Erinnerung, nicht vergehen.

Kiepenheuer
& Witsch

Eva Menasse

Tiere für Fortgeschrittene

320 Seiten, btb 71662

Raupen, die sich ihr eigenes Grab schaufeln, Haie, die
künstlich beatmet werden, Enten, die noch im Schlaf nach
Fressfeinden Ausschau halten, Schafe, die ihre Wolle von
selbst abwerfen. Jede von Eva Menasses Erzählungen geht
von einer kuriosen Tiermeldung aus und widmet sich
doch ganz der Gattung Mensch.
Die vielfach ausgezeichnete Autorin studiert ihre
Objekte mit einem liebevollen und unerbittlichen
Forscherinnenblick und erzählt in einer wunderbaren
Mischung aus pointiertem Witz, Geheimnis und
melancholischem Ernst.

»Keine Theorie, echtes Leben. Mal anrührend, mal mit bösem
Witz, immer in hinreißender Sprache erzählt. Großartig.«

taz, zeozwei Magazinr

»Wenn die große österreichische Autorin Eva Menasse ein Buch
über Tiere schreibt, entlarvt sie menschliche Abgründe.«

Donna

btb